THEODOR

SCHACH VON

ERZÄHLUNG AUS DER ZEIT
DES REGIMENTS GENSDARMES

MIT EINEM NACHWORT
VON WALTER KEITEL

PHILIPP RECLAM JUN. STUTTGART

Erläuterungen und Dokumente zu Fontanes »Schach von
Wuthenow« liegen unter Nr. 8152 in Reclams Universal-
Bibliothek vor.

Universal-Bibliothek Nr. 7688
Alle Rechte vorbehalten
© 1961 Philipp Reclam jun. GmbH & Co., Stuttgart
Satz: Vereinsdruckerei Heilbronn eGmbH
Druck und Bindung: Reclam, Ditzingen
Printed in Germany 1993
RECLAM und UNIVERSAL-BIBLIOTHEK sind eingetragene
Warenzeichen der Philipp Reclam jun. GmbH & Co., Stuttgart
ISBN 3-15-007688-9

I

Im Salon der Frau von Carayon

In dem Salon der in der Behrenstraße wohnenden Frau von Carayon und ihrer Tochter Victoire waren an
5 ihrem gewöhnlichen Empfangsabend einige Freunde versammelt, aber freilich wenige nur, da die große Hitze des Tages auch die treuesten Anhänger des Zirkels ins Freie gelockt hatte. Von den Offizieren des Regiments Gensdarmes, die selten an einem dieser
10 Abende fehlten, war nur einer erschienen, ein Herr von Alvensleben, und hatte neben der schönen Frau vom Hause Platz genommen unter gleichzeitigem scherzhaftem Bedauern darüber, daß gerade *der* fehle, dem dieser Platz in Wahrheit gebühre.
15 Beiden gegenüber, an der der Mitte des Zimmers zugekehrten Tischseite, saßen zwei Herren in Zivil, die, seit wenig Wochen erst heimisch in diesem Kreise, sich nichtsdestoweniger bereits eine dominierende Stellung innerhalb desselben errungen hatten. Am entschieden-
20 sten der um einige Jahre jüngere von beiden, ein ehemaliger Stabskapitän, der, nach einem abenteuernden Leben in England und den Unionsstaaten in die Heimat zurückgekehrt, allgemein als das Haupt jener militärischen Frondeurs angesehen wurde, die damals
25 die politische Meinung der Hauptstadt machten, beziehungsweise terrorisierten. Sein Name war von Bülow. Nonchalance gehörte mit zur Genialität, und so focht er denn, beide Füße weit vorgestreckt und die linke Hand in der Hosentasche, mit seiner rechten in
30 der Luft umher, um durch lebhafte Gestikulationen seinem Kathedervortrage Nachdruck zu geben. Er konnte, wie seine Freunde sagten, nur sprechen, um

Vortrag zu halten, und – er sprach eigentlich immer.
Der starke Herr neben ihm war der Verleger seiner
Schriften, Herr Daniel Sander, im übrigen aber sein
vollkommener Widerpart, wenigstens in allem, was
Erscheinung anging. Ein schwarzer Vollbart um-   5
rahmte sein Gesicht, das ebensoviel Behagen wie Sar-
kasmus ausdrückte, während ihm der in der Taille
knapp anschließende Rock von niederländischem Tuche
sein Embonpoint zusammenschnürte. Was den Gegen-
satz vollendete, war die feinste weiße Wäsche, worin   10
Bülow keineswegs exzellierte.

Das Gespräch, das eben geführt wurde, schien sich
um die kurz vorher beendete Haugwitzsche Mission
zu drehen, die, nach Bülows Ansicht, nicht nur ein
wünschenswertes Einvernehmen zwischen Preußen und   15
Frankreich wiederhergestellt, sondern uns auch den
Besitz von Hannover noch als „Morgengabe" mit eingetragen habe. Frau von Carayon aber bemängelte
diese „Morgengabe", weil man nicht gut geben oder
verschenken könne, was man nicht habe, bei welchem   20
Worte die bis dahin unbemerkt am Teetisch beschäftigt
gewesene Tochter Victoire der Mutter einen zärtlichen
Blick zuwarf, während Alvensleben der schönen Frau
die Hand küßte.

„Ihrer Zustimmung, lieber Alvensleben", nahm Frau   25
von Carayon das Wort, „war ich sicher. Aber sehen
Sie, wie minos- und rhadamantusartig unser Freund
Bülow dasitzt. Er brütet mal wieder Sturm; Victoire,
reiche Herrn von Bülow von den Karlsbader Oblaten.
Es ist, glaub ich, das einzige, was er von Österreich   30
gelten läßt. Inzwischen unterhält uns Herr Sander von
unsern Fortschritten in der neuen Provinz. Ich fürchte
nur, daß sie nicht groß sind."

„Oder sagen wir lieber, gar nicht existieren", erwiderte Sander. „Alles, was zum welfischen Löwen   35
oder zum springenden Roß hält, will sich nicht preu-
ßisch regieren lassen. Und ich verdenk es keinem. Für

die Polen reichten wir allenfalls aus. Aber die Hannoveraner sind feine Leute."

„Ja, das sind sie", bestätigte Frau von Carayon, während sie gleich danach hinzufügte: „Vielleicht auch etwas hochmütig."

„Etwas!" lachte Bülow. „Oh, meine Gnädigste, wer doch allzeit einer ähnlichen Milde begegnete. Glauben Sie mir, ich kenne die Hannoveraner seit lange, hab ihnen in meiner Altmärkereigenschaft sozusagen von Jugend auf über den Zaun geguckt, und darf Ihnen danach versichern, daß alles das, was mir England so zuwider macht, in diesem welfischen Stammlande doppelt anzutreffen ist. Ich gönn ihnen deshalb die Zuchtrute, die wir ihnen bringen. Unsere preußische Wirtschaft ist erbärmlich, und Mirabeau hatte recht, den gepriesenen Staat Friedrichs des Großen mit einer Frucht zu vergleichen, die schon faul sei, bevor sie noch reif geworden, aber faul oder nicht, *eines* haben wir wenigstens: ein Gefühl davon, daß die Welt in diesen letzten fünfzehn Jahren einen Schritt vorwärts gemacht hat, und daß sich die großen Geschicke derselben nicht notwendig zwischen Nuthe und Notte vollziehen müssen. In Hannover aber glaubt man immer noch an eine Spezialaufgabe Kalenbergs und der Lüneburger Heide, Nomen et omen. Es ist der Sitz der Stagnation, eine Brutstätte der Vorurteile. *Wir* wissen wenigstens, daß wir nichts taugen, und in dieser Erkenntnis ist die Möglichkeit der Besserung gegeben. Im einzelnen bleiben wir hinter ihnen zurück, zugegeben, aber im ganzen sind wir ihnen voraus, und darin steckt ein Anspruch und ein Recht, die wir geltend machen müssen. Daß wir, trotz Sander, in Polen eigentlich gescheitert sind, beweist nichts; der Staat strengte sich nicht an und hielt seine Steuereinnehmer gerade für gut genug, um die Kultur nach Osten zu tragen. Insoweit mit Recht, als selbst ein Steuereinnehmer die Ordnung vertritt, wenn auch freilich von der unangenehmen Seite."

Victoire, die von dem Augenblick an, wo Polen mit ins Gespräch gezogen worden war, ihren Platz am Teetisch aufgegeben hatte, drohte jetzt zu dem Sprecher hinüber und sagte: „Sie müssen wissen, Herr von Bülow, daß ich die Polen liebe, sogar de tout mon cœur." Und dabei beugte sie sich aus dem Schatten in den Lichtschein der Lampe vor, in dessen Helle man jetzt deutlich erkennen konnte, daß ihr feines Profil einst dem der Mutter geglichen haben mochte, durch zahlreiche Blatternarben aber um seine frühere Schönheit gekommen.

Jeder mußt' es sehen, und der einzige, der es *nicht* sah, oder, wenn er es sah, als absolut gleichgültig betrachtete, war Bülow. Er wiederholte nur: „O ja, die Polen. Es sind die besten Masurkatänzer, und darum lieben Sie sie."

„Nicht doch. Ich liebe sie, weil sie ritterlich und unglücklich sind."

„Auch das. Es läßt sich dergleichen sagen. Und um dies ihr Unglück könnte man sie beinah beneiden, denn es trägt ihnen die Sympathien aller Damenherzen ein. In Fraueneroberungen haben sie, von alter Zeit her, die glänzendste Kriegsgeschichte."

„Und wer rettete . . ."

„Sie kennen meine ketzerischen Ansichten über Rettungen. Und nun gar Wien! Es wurde gerettet. Allerdings. Aber wozu? Meine Phantasie schwelgt ordentlich in der Vorstellung, eine Favoritsultanin in der Krypta der Kapuziner stehen zu sehen. Vielleicht da, wo jetzt Maria Theresia steht. Etwas vom Islam ist bei diesen Hahndel- und Fasandelmännern immer zu Hause gewesen, und Europa hätt' ein bißchen mehr von Serail- oder Haremwirtschaft ohne großen Schaden ertragen . . ."

Ein eintretender Diener meldete den Rittmeister von Schach, und ein Schimmer freudiger Überraschung überflog beide Damen, als der Angemeldete gleich danach eintrat. Er küßte der Frau von Carayon die Hand, verneigte sich gegen Victoire und begrüßte dann Alvensleben mit Herzlichkeit, Bülow und Sander aber mit Zurückhaltung.

5 „Ich fürchte, Herrn von Bülow unterbrochen zu haben . . .“

„Ein allerdings unvermeidlicher Fall“, antwortete Sander und rückte seinen Stuhl zur Seite. Man lachte, Bülow selbst stimmte mit ein, und nur an Schachs mehr als
10 gewöhnlicher Zurückhaltung ließ sich erkennen, daß er entweder unter dem Eindruck eines ihm persönlich unangenehmen Ereignisses oder aber einer politisch unerfreulichen Nachricht in den Salon eingetreten sein müsse.

„Was bringen Sie, lieber Schach? Sie sind präokku-
15 piert. Sind neue Stürme . . .“

„Nicht das, gnädigste Frau, nicht das. Ich komme von der Gräfin Haugwitz, bei der ich um so häufiger verweile, je mehr ich mich von dem Grafen und seiner Politik zurückziehe. Die Gräfin weiß es und billigt
20 mein Benehmen. Eben begannen wir ein Gespräch, als sich draußen vor dem Palais eine Volksmasse zu sammeln begann, erst Hunderte, dann Tausende. Dabei wuchs der Lärm, und zuletzt ward ein Stein geworfen und flog an dem Tisch vorbei, daran wir saßen. Ein
25 Haarbreit, und die Gräfin wurde getroffen. Wovon sie aber wirklich getroffen wurde, das waren die Worte, die Verwünschungen, die heraufklangen. Endlich erschien der Graf selbst. Er war vollkommen gefaßt und verleugnete keinen Augenblick den Kavalier. Es währte
30 jedoch lang, eh die Straße gesäubert werden konnte. Sind wir bereits dahin gekommen? Emeute, Krawall. Und das im Lande Preußen, unter den Augen Seiner Majestät.“

„Und speziell uns wird man für diese Geschehnisse
35 verantwortlich machen“, unterbrach Alvensleben, „speziell uns von den Gensdarmes. Man weiß, daß wir diese Liebedienerei gegen Frankreich mißbilligen, von der

wir schließlich nichts haben als gestohlene Provinzen. Alle Welt weiß, wie wir dazu stehen, auch bei Hofe weiß man's, und man wird nicht säumen, *uns* diese Zusammenrottung in die Schuh zu schieben."

„Ein Anblick für Götter", sagte Sander. „Das Regiment Gensdarmes unter Anklage von Hochverrat und Krawall."

„Und nicht mit Unrecht", fuhr Bülow in jetzt wirklicher Erregung dazwischen. „Nicht mit Unrecht, sag ich. Und das witzeln Sie nicht fort, Sander. Warum führen die Herren, die jeden Tag klüger sein wollen als der König und seine Minister, warum führen sie diese Sprache? Warum politisieren sie? Ob eine Truppe politisieren darf, stehe dahin, aber *wenn* sie politisiert, so politisiere sie wenigstens richtig. Endlich sind wir jetzt auf dem rechten Weg, endlich stehen wir da, wo wir von Anfang an hätten stehen sollen, endlich hat Seine Majestät den Vorstellungen der Vernunft Gehör gegeben, und was geschieht? Unsere Herren Offiziere, deren drittes Wort der König und ihre Loyalität ist, und denen doch immer nur wohl wird, wenn es nach Rußland und Juchten und recht wenig nach Freiheit riecht, unsere Herren Offiziere, sag ich, gefallen sich plötzlich in einer ebenso naiven wie gefährlichen Oppositionslust, und fordern durch ihr keckes Tun und ihre noch keckeren Worte den Zorn des kaum besänftigten Imperators heraus. Dergleichen verpflanzt sich dann leicht auf die Gasse. Die Herren vom Regiment Gensdarmes werden freilich den Stein nicht selber heben, der schließlich bis an den Teetisch der Gräfin fliegt, aber sie sind doch die moralischen Urheber dieses Krawalles, *sie* haben die Stimmung dazu gemacht."

„Nein, diese Stimmung war da."

„Gut. Vielleicht war sie da. Aber, *wenn* sie da war, so galt es, sie zu bekämpfen, nicht aber sie zu nähren. Nähren wir sie, so beschleunigen wir unseren Untergang. Der Kaiser wartet nur auf eine Gelegenheit, wir sind mit vielen Posten in sein Schuldbuch eingetragen, und zählt er erst die Summe, so sind wir verloren."

„Glaub's nicht", antwortete Schach. „Ich vermag Ihnen nicht zu folgen, Herr von Bülow."

5 „Was ich beklage."

„Ich desto weniger. Es trifft sich bequem für Sie, daß Sie mich und meine Kameraden über Landes- und Königstreue belehren und aufklären dürfen; denn die Grundsätze, zu denen Sie sich bekennen, sind momen-
10 tan obenauf. Wir stehen jetzt nach Ihrem Wunsch und allerhöchstem Willen am Tische Frankreichs und lesen die Brosamen auf, die von des Kaisers Tische fallen. Aber auf wie lange? Der Staat Friedrichs des Großen muß sich wieder auf sich selbst besinnen."

15 „So er's nur täte", replizierte Bülow. „Aber das versäumt er eben. Ist dies Schwanken, dies immer noch halbe Stehen zu Rußland und Österreich, das uns dem Empereur entfremdet, ist das die friderizianische Politik? Ich frage Sie?"

20 „Sie mißverstehen mich."

„So bitt ich, mich aus dem Mißverständnis zu reißen."

„Was ich wenigstens versuchen will . . . Übrigens wollen Sie mich mißverstehen, Herr von Bülow. Ich bekämpfe nicht das französische Bündnis, weil es ein
25 Bündnis ist, auch nicht deshalb, weil es nach Art aller Bündnisse darauf aus ist, unsere Kraft zu diesem oder jenem Zweck zu doublieren. O nein, wie könnt ich? Allianzen sind Mittel, deren jede Politik bedarf: auch der große König hat sich dieser Mittel bedient und
30 innerhalb dieser Mittel beständig gewechselt. Aber nicht gewechselt hat er in seinem Endzweck. Dieser war unverrückt: ein starkes und selbständiges Preußen. Und nun frag ich Sie, Herr von Bülow, ist das, was uns Graf Haugwitz heimgebracht hat und was sich Ihrer
35 Zustimmung so sehr erfreut, ist das ein starkes und selbständiges Preußen? Sie haben mich gefragt, nun frag ich Sie."

II

„Die Weihe der Kraft"

Bülow, dessen Züge den Ausdruck einer äußersten Überheblichkeit anzunehmen begannen, wollte replizieren, aber Frau von Carayon unterbrach und sagte: „Lernen wir etwas aus der Politik unserer Tage: wo nicht Friede sein kann, da sei wenigstens Waffenstillstand. Auch hier . . . Und nun raten Sie, lieber Alvensleben, wer heute hier war, uns seinen Besuch zu machen? Eine Berühmtheit. Und von der Rahel Lewin uns zugewiesen."

„Also der Prinz", sagte Alvensleben.

„O nein, berühmter oder doch wenigstens tagesberühmter. Der Prinz ist eine etablierte Zelebrität, und Zelebritäten, die zehn Jahre gedauert haben, sind keine mehr . . . Ich will Ihnen übrigens zu Hilfe kommen, es geht ins Literarische hinüber, und so möcht ich denn auch annehmen, daß uns Herr Sander das Rätsel lösen wird."

„Ich will es wenigstens versuchen, gnädigste Frau, wobei mir Ihr Zutrauen vielleicht eine gewisse Weihekraft, oder sagen wir's lieber rund heraus, eine gewisse ‚Weihe der Kraft' verleihen wird."

„Oh, vorzüglich. Ja, Zacharias Werner war hier. Leider waren wir aus, und so sind wir denn um den uns zugedachten Besuch gekommen. Ich hab es sehr bedauert."

„Sie sollten sich umgekehrt beglückwünschen, einer Enttäuschung entgangen zu sein", nahm Bülow das Wort. „Es ist selten, daß die Dichter der Vorstellung entsprechen, die wir uns von ihnen machen. Wir erwarten einen Olympier, einen Nektar- und Ambrosiamann, und sehen statt dessen einen Gourmand einen Putenbraten verzehren; wir erwarten Mitteilungen aus seiner geheimsten Zwiesprache mit den Göttern und

hören ihn von seinem letzten Orden erzählen oder wohl gar die allergnädigsten Worte zitieren, die Serenissimus über das jüngste Kind seiner Muse geäußert hat. Vielleicht auch Serenissima, was immer das denk-
5 bar Albernste bedeutet."

„Aber doch schließlich nichts Alberneres, als das Urteil solcher, die den Vorzug haben, in einem Stall oder einer Scheune geboren zu sein", sagte Schach spitz.

„Ich muß Ihnen zu meinem Bedauern, mein sehr
10 verehrter Herr von Schach, auch auf *diesem* Gebiete widersprechen. Der Unterschied, den Sie bezweifeln, ist wenigstens nach *meinen* Erfahrungen tatsächlich vorhanden, und zwar, wie Sie mir zu wiederholen gestatten wollen, zu *Nicht*gunsten von Serenissimus. In
15 der Welt der kleinen Leute steht das Urteil an und für sich nicht höher, aber die verlegene Bescheidenheit, darin sich's kleidet, und das stotternde Schlechte-Gewissen, womit es zutage tritt, haben allemal etwas Versöhnendes. Und nun spricht der Fürst! Er ist der Gesetzgeber
20 seines Landes in all und jedem, in großem und kleinem, also natürlich auch in Ästheticis. Wer über Leben und Tod entscheidet, sollte der nicht auch über ein Gedichtchen entscheiden können? Ah, bah! Er mag sprechen, was er will, es sind immer Tafeln direkt vom Sinai.
25 Ich habe solche zehn Gebote mehr als einmal verkünden hören und weiß seitdem, was es heißt: regarder dans le Néant."

„Und doch stimm ich der Mama bei", bemerkte Victoire, der daran lag, das Gespräch auf seinen Anfang,
30 auf das Stück und seinen Dichter also, zurückzuführen. „Es wäre mir wirklich eine Freude gewesen, den ‚tagesberühmten Herrn', wie Mama ihn einschränkend genannt hat, kennenzulernen. Sie vergessen, Herr von Bülow, daß wir *Frauen* sind, und daß wir als solche
35 ein Recht haben, neugierig zu sein. An einer Berühmtheit wenig Gefallen zu finden, ist schließlich immer noch besser, als sie gar nicht gesehen zu haben."

„Und wir werden ihn in der Tat nicht mehr sehen, in aller Bestimmtheit nicht", fügte Frau von Carayon hinzu. „Er verläßt Berlin in den nächsten Tagen schon und war überhaupt nur hier, um den ersten Proben seines Stückes beizuwohnen."

„Was also heißt", warf Alvensleben ein, „daß an der Aufführung selbst nicht länger mehr zu zweifeln ist."

„Ich glaube, nein. Man hat den Hof dafür zu gewinnen oder wenigstens alle beigebrachten Bedenken niederzuschlagen gewußt."

„Was ich unbegreiflich finde", fuhr Alvensleben fort. „Ich habe das Stück gelesen. Er will Luther verherrlichen, und der Pferdefuß des Jesuitismus guckt überall unter dem schwarzen Doktormantel hervor. Am rätselhaftesten aber ist es mir, daß sich Iffland dafür interessiert, Iffland, ein Freimaurer."

„Woraus ich einfach schließen möchte, daß er die Hauptrolle hat", erwiderte Sander. „Unsere Prinzipien dauern gerade so lange, bis sie unsern Leidenschaften oder Eitelkeiten in Konflikt geraten, und ziehen dann jedesmal den kürzeren. Er wird den Luther spielen wollen. Und das entscheidet."

„Ich bekenne, daß es mir widerstrebt", sagte Victoire, „die Gestalt Luthers auf der Bühne zu sehen. Oder geh ich darin zu weit?"

Es war Alvensleben, an den sich die Frage gerichtet hatte. „Zu weit? Oh, meine teuerste Victoire, gewiß nicht. Sie sprechen mir ganz aus dem Herzen. Es sind meine frühesten Erinnerungen, daß ich in unserer Dorfkirche saß und mein alter Vater neben mir, der alle Gesangbuchverse mitsang. Und links neben dem Altar, da hing unser Martin Luther in ganzer Figur, die Bibel im Arm, die Rechte darauf gelegt, ein lebensvolles Bild, und sah zu mir herüber. Ich darf sagen, daß dies ernste Mannesgesicht an manchem Sonntage besser und eindringlicher zu mir gepredigt hat als unser alter Kluckhuhn, der zwar dieselben hohen Backenknochen und dieselben weißen Beffchen hatte wie der Reformator, aber auch weiter nichts. Und diesen Gottesmann, nach dem wir uns nennen und unterscheiden, und zu dem ich nie anders als in Ehrfurcht und Andacht aufgeschaut habe, den will ich nicht aus den Kulissen oder aus einer Hintertür treten sehen. Auch nicht, wenn Iffland ihn gibt, den ich übrigens schätze, nicht bloß als Künstler, sondern auch als Mann von Grundsätzen und guter preußischer Gesinnung."

„Pectus facit oratorem", versicherte Sander, und Victoire jubelte. Bülow aber, der nicht gern neue Götter neben sich duldete, warf sich in seinen Stuhl zurück und sagte, während er sein Kinn und seinen Spitzbart strich: „Es wird Sie nicht überraschen, mich im Dissens zu finden."

„Oh, gewiß nicht", lachte Sander.

„Nur dagegen möcht ich mich verwahren, als ob ich durch einen solchen Dissens irgendwie den Anwalt dieses pfäffischen Zacharias Werner zu machen gedächte, der mir in seinen mystisch-romantischen Tendenzen einfach zuwider ist. Ich bin niemandes Anwalt . . ."

„Auch nicht Luthers?" fragte Schach ironisch.

„Auch nicht Luthers!"

„Ein Glück, daß er dessen entbehren kann . . ."

„Aber auf wie lange?" fuhr Bülow sich aufrichtend fort. „Glauben Sie mir, Herr von Schach, auch *er* ist in der Decadence, wie so viel anderes mit ihm, und über ein kleines wird keine Generalanwaltschaft der Welt ihn halten können."

„Ich habe Napoleon von einer ‚Episode Preußen' sprechen hören", erwiderte Schach. „Wollen uns die Herren Neuerer, und Herr von Bülow an ihrer Spitze, vielleicht auch mit einer ‚Episode Luther' beglücken?"

„Es ist so. Sie treffen es. Übrigens sind nicht *wir* es, die dies Episodentum schaffen wollen. Dergleichen schafft nicht der einzelne, die Geschichte schafft es. Und dabei wird sich ein wunderbarer Zusammenhang zwischen der Episode Preußen und der Episode Luther herausstellen. Es heißt auch da wieder: ‚Sage mir, mit wem du umgehst, und ich will dir sagen, wer du bist.‘ Ich bekenne, daß ich die Tage Preußens gezählt glaube, und ‚wenn der Mantel fällt, muß der Herzog nach‘. Ich überlaß es Ihnen, die Rollen dabei zu verteilen. Die Zusammenhänge zwischen Staat und Kirche werden nicht genugsam gewürdigt; jeder Staat ist in gewissem Sinne zugleich auch ein *Kirchenstaat;* er schließt eine Ehe mit der Kirche, und soll diese Ehe glücklich sein, so müssen beide zueinander passen. In Preußen passen sie zueinander. Und warum? Weil beide gleich dürftig angelegt, gleich eng geraten sind. Es sind Kleinexistenzen, beide bestimmt, in etwas Größerem auf- oder unterzugehen. Und zwar bald. Hannibal ante portas.“

„Ich glaubte Sie dahin verstanden zu haben“, erwiderte Schach, „daß uns Graf Haugwitz nicht den Untergang, wohl aber die Rettung und den Frieden gebracht habe.“

„Das hat er. Aber er kann unser Geschick nicht wenden, wenigstens auf die Dauer nicht. Dies Geschick heißt Einverleibung in das Universelle. Der nationale wie der konfessionelle Standpunkt sind hinschwindende Dinge, vor allem aber ist es der preußische Standpunkt und sein alter ego, der lutherische. Beide sind künstliche Größen. Ich frage, was bedeuten sie? welche Missionen erfüllen sie? Sie ziehen Wechsel aufeinander, sie sind sich gegenseitig Zweck und Aufgabe, das ist alles. Und das soll eine Weltrolle sein? Was hat Preußen der Welt geleistet? Was find ich, wenn ich nachrechne? Die großen Blauen König Friedrich Wilhelms I., den eisernen Ladestock, den Zopf, und jene wundervolle Moral, die den Satz erfunden hat, ‚ich hab ihn an die Krippe gebunden, warum hat er nicht gefressen?‘“

„Gut, gut. Aber Luther . . .“

„Nun wohl denn, es geht eine Sage, daß mit dem Manne von Wittenberg die Freiheit in die Welt gekommen sei, und beschränkte Historiker haben es dem norddeutschen Volke so lange versichert, bis man's geglaubt hat. Aber was hat er denn in Wahrheit in die Welt gebracht? Unduldsamkeit und Hexenprozesse, Nüchternheit und Langeweile. Das ist kein Kitt für Jahrtausende. Jener Weltmonarchie, der nur noch die letzte Spitze fehlt, wird auch eine Weltkirche folgen, denn wie die kleinen Dinge sich finden und im Zusammenhange stehen, so die großen noch viel mehr. Ich werde mir den Bühnen-Luther nicht ansehen, weil er mir in dieses Herren Zacharias Werner Verzerrung einfach ein Ding ist, das mich ärgert; aber ihn nicht ansehen, weil es Anstoß gebe, weil es *Entheiligung* sei, das ist mehr, als ich fassen kann."

„Und *wir*, lieber Bülow", unterbrach Frau von Carayon, „wir werden ihn uns ansehen, *trotzdem* es uns Anstoß gibt. Victoire hat recht, und wenn bei Iffland die Eitelkeit stärker sein darf als das Prinzip, so bei *uns* die Neugier. Ich hoffe, Herr von Schach und Sie, lieber Alvensleben, werden uns begleiten. Übrigens sind ein paar der eingelegten Lieder nicht übel. Wir erhielten sie gestern. Victoire, du könntest uns das ein oder andere davon singen."

„Ich habe sie kaum durchgespielt."

„Oh, dann bitt ich um so mehr", bemerkte Schach. „Alle Salonvirtuosität ist mir verhaßt. Aber, was ich in der Kunst liebe, das ist ein solches poetisches Suchen und Tappen."

Bülow lächelte vor sich hin und schien sagen zu wollen: „Ein jeder nach seinen Mitteln."

Schach aber führte Victoiren an das Klavier, und diese sang, während er begleitete:

Die Blüte, sie schläft so leis und lind
Wohl in der Wiege von Schnee;
Einlullt sie der Winter: „Schlaf ein geschwind,
Du blühendes Kind."
Und das Kind, es weint und verschläft sein Weh,

15

Und hernieder steigen aus duftiger Höh
Die Schwestern und lieben und blühn . . .

Eine kleine Pause trat ein, und Frau von Carayon
fragte: „Nun, Herr Sander, wie besteht es vor Ihrer
Kritik?" „Es muß sehr schön sein", antwortete dieser. 5
„Ich versteh es nicht. Aber hören wir weiter. Die Blüte,
die vorläufig noch schläft, wird doch wohl mal er-
wachen."

Und kommt der Mai dann wieder so lind,
Dann bricht er die Wiege von Schnee, 10
Er schüttelt die Blüte: „Wach auf geschwind,
Du welkendes Kind."
Und es hebt die Äuglein, es tut ihm weh,
Und steigt hinauf in die leuchtende Höh,
Wo strahlend die Brüderlein blühn. 15

Ein lebhafter Beifall blieb nicht aus. Aber er galt
ausschließlich Victoiren und der Komposition, und als
schließlich auch der Text an die Reihe kam, bekannte
sich alles zu Sanders ketzerischen Ansichten.

Nur Bülow schwieg. Er hatte, wie die meisten mit 20
Staatenuntergang beschäftigten Frondeurs, auch seine
schwachen Seiten, und eine davon war durch das Lied
getroffen worden. An dem halbumwölkten Himmel
draußen funkelten ein paar Sterne, die Mondsichel
stand dazwischen, und er wiederholte, während er 25
durch die Scheiben der hohen Balkontür hinaufblickte:
„Wo strahlend die Brüderlein blühn."

Wider Wissen und Willen war er ein Kind seiner
Zeit und romantisierte.

Noch ein zweites und drittes Lied wurde gesungen, 30
aber das Urteil blieb dasselbe. Dann trennte man sich
zu nicht allzu später Stunde.

III

Bei Sala Tarone

Die Turmuhren auf dem Gensdarmenmarkt schlugen elf, als die Gäste der Frau von Carayon auf die Behrenstraße hinaustraten und nach links einbiegend auf die Linden zuschritten. Der Mond hatte sich verschleiert, und die Regenfeuchte, die bereits in der Luft lag und auf Wetterumschlag deutete, tat allen wohl. An der Ecke der Linden empfahl sich Schach, allerhand Dienstliches vorschützend, während Alvensleben, Bülow und Sander übereinkamen, noch eine Stunde zu plaudern.

„Aber wo?" fragte Bülow, der im ganzen nicht wählerisch war, aber doch einen Abscheu gegen Lokale hatte, darin ihm „Aufpasser und Kellner die Kehle zuschnürten".

„Aber wo?" wiederholte Sander. „Sieh, das Gute liegt so nah", und wies dabei auf einen Eckladen, über dem in mäßig großen Buchstaben zu lesen stand: Italiener Wein- und Delikatessenhandlung von Sala Tarone. Da schon geschlossen war, klopfte man an die Haustür, an deren einer Seite sich ein Einschnitt mit einer Klappe befand. Und wirklich, gleich darauf öffnete sich's von innen, ein Kopf erschien am Guckloch, und als Alvenslebens Uniform über den Charakter der etwas späten Gäste beruhigt hatte, drehte sich innen der Schlüssel im Schloß, und alle drei traten ein. Aber der Luftzug, der ging, löschte den Blaker aus, den der Küfer in Händen hielt, und nur eine ganz im Hintergrunde, dicht über der Hoftür schwelende Laterne gab gerade noch Licht genug, um das Gefährliche der Passage kenntlich zu machen.

„Ich bitte Sie, Bülow, was sagen Sie zu diesem Defilee?" brummte Sander, sich immer dünner machend, und wirklich hieß es auf der Hut sein, denn in Front der zu beiden Seiten liegenden Öl- und Weinfässer standen Zitronen- und Apfelsinenkisten, deren Deckel nach vorn hin aufgeklappt waren. „Achtung", sagte der Küfer. „Is hier allens voll Pinnen und Nägel. Habe mir gestern erst einen eingetreten." 5

„Also auch spanische Reiter ... Oh, Bülow! In solche Lage bringt einen ein militärischer Verlag."

Dieser Sandersche Schmerzensschrei stellte die Heiterkeit wieder her, und unter Tappen und Tasten war man endlich bis in die Nähe der Hoftür gekommen, 10 wo, nach rechts hin, einige der Fässer weniger dicht nebeneinander lagen. Hier zwängte man sich denn auch durch und gelangte mit Hilfe von vier oder fünf steilen Stufen in eine mäßig große Hinterstube, die gelb gestrichen und halb verblakt und nach Art aller „Früh- 15 stücksstuben" um Mitternacht am vollsten war. Überall, an niedrigen Paneelen hin, standen lange, längst eingesessene Ledersofas, mit kleinen und großen Tischen davor, und nur *eine* Stelle war da, wo dieses Mobiliar fehlte. Hier stand vielmehr ein mit Kästen und Regalen 20 überbautes Pult, vor welchem einer der Repräsentanten der Firma tagaus, tagein (gewöhnlich nur ein Wort) in einen und seine Befehle (gewöhnlich nur ein Wort) in einen unmittelbar neben dem Pult befindlichen Keller hinunterrief, dessen Falltür immer offen stand. 25

Unsere drei Freunde hatten in einer dem Kellerloch schräg gegenüber gelegenen Ecke Platz genommen, und Sander, der grad lange genug Verleger war, um sich auf lukullische Feinheiten zu verstehen, überflog eben die Wein- und Speisekarte. Diese war in russisch Leder 30 gebunden, roch aber nach Hummer. Es schien nicht, daß unser Lukull gefunden hatte, was ihm gefiel; er schob also die Karte wieder fort und sagte: „Das Geringste, was ich von einem solchen hundstäglichen April erwarten kann, sind Maikräuter, Asperula odorata Linnéi. 35 Denn ich hab auch Botanisches verlegt. Von dem Vorhandensein frischer Apfelsinen haben wir uns draußen mit Gefahr unseres Lebens überzeugt, und für den Mosel bürgt uns die Firma."

Der Herr am Pult rührte sich nicht, aber man sah deutlich, daß er mit seinem Rücken zustimmte, Bülow und Alvensleben taten desgleichen, und Sander resolvierte kurz: „Also Maibowle."

Das Wort war absichtlich laut und mit der Betonung einer Order gesprochen worden, und im selben Augenblicke scholl es auch schon vom Drehstuhl her in das Kellerloch hinunter: „Fritz!" Ein zunächst nur mit halber Figur aus der Versenkung auftauchender, dicker und kurzhalsiger Junge wurde, wie wenn auf eine Feder gedrückt worden wäre, sofort sichtbar, übersprang dienststeifrig, indem er die Hand aufsetzte, die letzten zwei, drei Stufen und stand im Nu vor Sander, den er, allem Anscheine nach, am besten kannte.

„Sagen Sie, Fritz, wie verhält sich die Firma Sala Tarone zur Maibowle?"

„Gut. Sehr gut."

„Aber wir haben erst April, und so sehr ich im allgemeinen der Mann der Surrogate bin, so haß ich doch eins: die Tonkabohne. Die Tonkabohne gehört in die Schnupftabaksdose, nicht in die Maibowle. Verstanden?"

„Zu dienen, Herr Sander."

„Gut denn. Also Maikräuter. Und nicht lange ziehen lassen. Waldmeister ist nicht Kamillentee. Der Mosel, sagen wir ein Zeltinger oder ein Brauneberger, wird langsam über die Büschel gegossen; das genügt. Apfelsinenschnitten als bloßes Ornament. Eine Scheibe zuviel macht Kopfweh. Und nicht zu süß, und eine Cliquot extra. Extra, sag ich. Besser ist besser."

Damit war die Bestellung beendet, und ehe zehn Minuten um waren, erschien die Bowle, darauf nicht mehr als drei oder vier Waldmeisterblättchen schwammen, nur gerade genug, den Beweis der Echtheit zu führen.

„Sehen Sie, Fritz, das gefällt mir. Auf mancher Mai-

19

bowle schwimmt es wie Entengrütze. Und das ist schrecklich. Ich denke, wir werden Freunde bleiben. Und nun grüne Gläser."

Alvensleben lachte. „Grüne?"

„Ja. Was sich dagegen sagen läßt, lieber Alvensleben, weiß ich und laß es gelten. Es ist in der Tat eine Frage, die mich seit länger beschäftigt, und die, neben anderen, in die Reihe jener Zwiespalte gehört, die sich, wir mögen es anfangen wie wir wollen, durch unser Leben hinziehen. Die Farbe des Weins geht verloren, aber die Farbe des Frühlings wird gewonnen, und mit ihr das festliche Gesamtkolorit. Und dies erscheint mir als der wichtigere Punkt. Unser Essen und Trinken, soweit es nicht der gemeinen Lebensnotdurft dient, muß mehr und mehr zur symbolischen Handlung werden, und ich begreife Zeiten des späteren Mittelalters, in denen der Tafelaufsatz und die Fruchtschalen mehr bedeuteten als das Mahl selbst."

„Wie gut Ihnen das kleidet, Sander", lachte Bülow. „Und doch dank ich Gott, Ihre Kapaunenrechnung nicht bezahlen zu müssen."

„Die Sie schließlich *doch* bezahlen."

„Ah, das *erste*mal, daß ich einen dankbaren Verleger in Ihnen entdecke. Stoßen wir an . . . Aber alle Welt, da steigt ja der lange Nostitz aus der Versenkung. Sehen Sie, Sander, er nimmt gar kein Ende . . ."

Wirklich, es war Nostitz, der, unter Benutzung eines geheimen Eingangs, eben die Kellertreppe hinaufstolperte, Nostitz von den Gensdarmes, der längste Leutnant der Armee, der, trotzdem er aus dem Sächsischen stammte, seiner sechs Fuß drei Zoll halber so ziemlich ohne Widerrede beim Eliteregiment Gensdarmes eingestellt und mit einem verbliebenen kleinen Reste von Antagonismus mittlerweile längst fertig geworden war. Ein tollkühner Reiter und ein noch tollkühnerer Cour- und Schuldenmacher, war er seit lang ein Allerbeliebtester im Regiment, so beliebt, daß ihn sich der „Prinz", der kein anderer war als Prinz Louis, bei Gelegenheit der vorjährigen Mobilisierung, zum Adjutanten erbeten hatte.

Neugierig, woher er komme, stürmte man mit Fragen auf ihn ein, aber erst als er sich in dem Ledersofa zurechtgerückt hatte, gab er Antwort auf all das, was man ihn fragte. „Woher ich komme? Warum ich bei den Carayons geschwänzt habe? Nun, weil ich in Französisch-Buchholz nachsehen wollte, ob die Störche schon wieder da sind, ob der Kuckuck schon wieder schreit und ob die Schulmeisterstochter noch so lange flachsblonde Flechten hat wie voriges Jahr. Ein reizendes Kind. Ich lasse mir immer die Kirche von ihr zeigen, und wir steigen dann in den Turm hinauf, weil ich eine Passion für alte Glockeninschriften habe. Sie glauben gar nicht, was sich in solchem Turme alles entziffern läßt. Ich zähle das zu meinen glücklichsten und lehrreichsten Stunden."

„Und eine Blondine, sagten Sie. Dann freilich erklärt sich alles. Denn neben einer Prinzessin Flachshaar kann unser Fräulein Victoire nicht bestehen. Und nicht einmal die schöne Mama, die schön ist, aber doch am Ende brünett. Und Blond geht immer vor Schwarz."

„Ich möchte das nicht geradezu zum Axiom erheben", fuhr Nostitz fort. „Es hängt doch alles noch von Nebenumständen ab, die hier freilich ebenfalls zugunsten meiner Freundin sprechen. Die schöne Mama, wie Sie sie nennen, wird siebenunddreißig, bei welcher Addition ich wahrscheinlich galant genug bin, ihr ihre vier Ehejahre *halb* statt *doppelt* zu rechnen. Aber das ist Schachs Sache, der über kurz oder lang in der Lage sein wird, ihren Taufschein um seine Geheimnisse zu befragen."

„Wie das?" fragte Bülow.

„Wie das?" wiederholte Nostitz. „Was doch die Gelehrten, und wenn es gelehrte Militärs wären, für schlechte Beobachter sind. Ist Ihnen denn das Verhältnis zwischen beiden entgangen? Ein ziemlich vorgeschrittenes, glaub ich. C'est le premier pas, qui coûte . . ."

„Sie drücken sich etwas dunkel aus, Nostitz."

„Sonst nicht gerade mein Fehler."

„Ich meinerseits glaube Sie zu verstehen", unterbrach Alvensleben. „Aber Sie täuschen sich, Nostitz, wenn Sie daraus auf eine Partie schließen. Schach ist eine sehr eigenartige Natur, die, was man auch an ihr aussetzen mag, wenigstens manche psychologische Probleme stellt. Ich habe beispielsweise keinen Menschen kennengelernt, bei dem alles so ganz und gar auf das Ästhetische zurückzuführen wäre, womit es vielleicht in einem gewissen Zusammenhang steht, daß er überspannte Vorstellungen von Intaktheit und Ehe hat. Wenigstens von einer Ehe, wie *er* sie zu schließen wünscht. Und so bin ich denn wie von meinem Leben überzeugt, er wird niemals eine Witwe heiraten, auch die schönste nicht. Könnt' aber hierüber noch irgendein Zweifel sein, so würd' ihn *ein* Umstand beseitigen, und dieser eine Umstand heißt: ,*Victoire*'."

„Wie das?"

„Wie schon so mancher Heiratsplan an einer unrepräsentablen Mutter gescheitert ist, so würd' er hier an einer unrepräsentablen Tochter scheitern. Er fühlt sich durch ihr mangelnde Schönheit geradezu geniert und erschrickt vor dem Gedanken, seine Normalität, wenn ich mich so ausdrücken darf, mit ihrer Unnormalität in irgendwelche Verbindung gebracht zu sehen. Er ist krankhaft abhängig, abhängig bis zur Schwäche, von dem Urteile der Menschen, speziell seiner Standesgenossen, und würde sich jederzeit außerstande fühlen, irgendeiner Prinzessin oder auch nur einer hochgestellten Dame Victoiren als seine Tochter vorzustellen."

„Möglich. Aber dergleichen läßt sich vermeiden."

„Doch schwer. Sie zurückzusetzen oder ganz einfach als Aschenbrödel zu behandeln, das widerstreitet seinem feinen Sinn, dazu hat er das Herz zu sehr auf dem rechten Fleck. Auch würde Frau von Carayon das einfach nicht dulden. Denn so gewiß sie Schach liebt, so gewiß liebt sie Victoire, ja, sie liebt diese noch um ein gut Teil *mehr*. Es ist ein absolut ideales Verhältnis zwischen Mutter und Tochter, und gerade dies Verhältnis ist es, was mir das Haus so wert gemacht hat und noch macht."

„Also begraben wir die Partie", sagte Bülow. „Mir persönlich zu besonderer Genugtuung und Freude, denn ich schwärme für diese Frau. Sie hat den ganzen Zauber des Wahren und Natürlichen, und selbst ihre Schwächen sind reizend und liebenswürdig. Und daneben dieser *Schach!* Er mag seine Meriten haben, meinetwegen, aber mir ist er nichts als ein Pedant und Wichtigtuer, und zugleich die Verkörperung jener preußischen Beschränktheit, die nur drei Glaubensartikel hat: erstes Hauptstück ,die Welt ruht nicht sicherer auf den Schultern des Atlas, als der preußische Staat auf den Schultern der preußischen Armee', zweites Hauptstück ,der preußische Infanterieangriff ist unwiderstehlich', und drittens und letztens, ,eine Schlacht ist nie verloren, solange das Regiment Garde du Corps nicht angegriffen hat'. Oder natürlich auch das Regiment Gensdarmes. Denn sie sind Geschwister, Zwillingsbrüder. Ich verabscheue solche Redensarten, und der Tag ist nahe, wo die Welt die Hohlheit solcher Rodomontaden erkennen wird."

„Und doch unterschätzen Sie Schach. Er ist immerhin einer unserer Besten."

„Um so schlimmer."

„Einer unsrer Besten, sag ich, und *wirklich* ein Guter. Er spielt nicht bloß den Ritterlichen, er *ist* es auch. Natürlich auf seine Weise. Jedenfalls trägt er ein ehrliches Gesicht und keine Maske."

„Alvensleben hat recht", bestätigte Nostitz. „Ich habe nicht viel für ihn übrig, aber das ist wahr, alles an ihm ist echt, auch seine steife Vornehmheit, so langweilig und so beleidigend ich sie finde. Und *darin* unterscheidet er sich von uns. Er ist immer er selbst, gleichviel, ob er in den Salon tritt, oder vorm Spiegel steht, oder beim Zubettegehn sich seine safranfarbenen Nachthandschuh anzieht. Sander, der ihn nicht liebt, soll entscheiden und das letzte Wort über ihn haben."

„Es ist keine drei Tage", hob dieser an, „daß ich in der Haude und Spenerschen gelesen, der Kaiser von Brasilien habe den heiligen Antonius zum Oberstleutnant befördert und seinen Kriegsminister angewiesen, besagtem Heiligen die Löhnung bis auf weiteres gutzuschreiben. Welche Gutschreibung mir einen noch größeren Eindruck gemacht hat als die Beförderung. Aber gleichviel. In Tagen derartiger Ernennungen und Beförderungen wird es nicht auffallen, wenn ich die Gefühle dieser Stunde, zugleich aber den von mir geforderten Entscheid und Richterspruch, in die Worte zusammenfasse: Seine Majestät der Rittmeister von Schach, er lebe hoch."

„Oh, vorzüglich, Sander", sagte Bülow, „damit haben Sie's getroffen. Die ganze Lächerlichkeit auf einen Schlag. Der kleine Mann in den großen Stiefeln! Aber meinetwegen, er lebe!"

„Da haben wir denn zum Überfluß auch noch die Sprache von ,Sr. Majestät getreuster Opposition'", antwortete Sander und erhob sich. „Und nun, Fritz, die Rechnung. Erlauben die Herren, daß ich das Geschäftliche arrangiere."

„In besten Händen", sagte Nostitz.

Und fünf Minuten später traten alle wieder ins Freie. Der Staub wirbelte vom Tor her die Linden herauf, augenscheinlich war ein starkes Gewitter im Anzug, und die ersten großen Tropfen fielen bereits.

„Hâtez-vous."

Und jeder folgte der Weisung und mühte sich, so rasch wie möglich und auf nächstem Wege seine Wohnung zu erreichen.

IV

In Tempelhof

Der nächste Morgen sah Frau von Carayon und Tochter in demselben Eckzimmer, in dem sie den Abend
vorher ihre Freunde bei sich empfangen hatten. Beide
liebten das Zimmer und gaben ihm auf Kosten aller
andern den Vorzug. Es hatte drei hohe Fenster, von
denen die beiden untereinander im rechten Winkel
stehenden auf die Behren- und Charlottenstraße sahen,
während das dritte, türartige, das ganze, breit abge-
stumpfte Eck einnahm und auf einen mit einem ver-
goldeten Rokokogitter eingefaßten Balkon hinaus-
führte. Sobald es die Jahreszeit erlaubte, stand diese
Balkontür offen und gestattete, von beinah jeder Stelle
des Zimmers aus, einen Blick auf das benachbarte
Straßentreiben, das, der aristokratischen Gegend unerachtet, zu mancher Zeit ein besonders belebtes war,
am meisten um die Zeit der Frühjahrsparaden, wo
nicht bloß die berühmten alten Infanterieregimenter
der Berliner Garnison, sondern, was für die Carayons
wichtiger war, auch die Regimenter der Garde du Corps
und Gensdarmes unter dem Klang ihrer silbernen Trom-
peten an dem Hause vorüberzogen. Bei solcher Gelegenheit (wo sich dann selbstverständlich die Augen der
Herrn Offiziers zu dem Balkon hinaufrichteten) hatte
das Eckzimmer erst seinen eigentlichen Wert und hätte
gegen kein anderes vertauscht werden können.

Aber es war auch an stillen Tagen ein reizendes Zimmer, vornehm und gemütlich zugleich. Hier lag der
türkische Teppich, der noch die glänzenden, fast ein
halbes Menschenalter zurückliegenden Petersburger
Tage des Hauses Carayon gesehen hatte, hier stand
die malachitne Stutzuhr, ein Geschenk der Kaiserin
Katharina, und hier paradierte vor allem auch der
große, reich vergoldete Trumeau, der der schönen Frau

täglich aufs neue versichern mußte, daß sie noch eine schöne Frau sei. Victoire ließ zwar keine Gelegenheit vorübergehn, die Mutter über diesen wichtigen Punkt zu beruhigen, aber Frau von Carayon war doch klug genug, es sich jeden Morgen durch ihr von ihr selbst zu kontrollierendes Spiegelbild neu bestätigen zu lassen. Ob ihr Blick in solchem Momente zu dem Bilde des mit einem roten Ordensband in ganzer Figur über dem Sofa hängenden Herrn von Carayon hinüberglitt, oder ob sich ihr ein stattlicheres Bild vor die Seele stellte, war für niemanden zweifelhaft, der die häuslichen Verhältnisse nur einigermaßen kannte. Denn Herr von Carayon war ein kleiner, schwarzer Koloniefranzose gewesen, der außer einigen in der Nähe von Bordeaux lebenden vornehmen Carayons und einer ihn mit Stolz erfüllenden Zugehörigkeit zur Legation nichts Erhebliches in die Ehe mitgebracht hatte. Am wenigsten aber männliche Schönheit.

Es schlug elf, erst draußen, dann in dem Eckzimmer, in welchem beide Damen an einem Tapisserierahmen beschäftigt waren. Die Balkontür war weit auf, denn trotz des Regens, der bis an den Morgen gedauert hatte, stand die Sonne schon wieder hell am Himmel und erzeugte so ziemlich dieselbe Schwüle, die schon den Tag vorher geherrscht hatte. Victoire blickte von ihrer Arbeit auf und erkannte den Schachschen kleinen Groom, der mit Stulpenstiefeln und zwei Farben am Hut, von denen sie zu sagen liebte, daß es die Schachschen „Landesfarben" seien, die Charlottenstraße heraufkam.

„O sieh nur", sagte Victoire, „da kommt Schachs kleiner Ned. Und wie wichtig er wieder tut! Aber er wird auch zu sehr verwöhnt, und immer mehr eine Puppe. Was er nur bringen mag?"

Ihre Neugier sollte nicht lange unbefriedigt bleiben. Schon einen Augenblick später hörten beide die Klingel gehn, und ein alter Diener in Gamaschen, der noch die vornehmen Petersburger Tage miterlebt hatte, trat ein, um auf einem silbernen Tellerchen ein Billett zu überreichen. Victoire nahm es. Es war an Frau von Carayon adressiert.

„An *dich*, Mama."

5 „Lies nur", sagte diese.

„Nein, du selbst; ich hab eine Scheu vor Geheimnissen."

„Närrin", lachte die Mutter und erbrach das Billett und las: „Meine gnädigste Frau. Der Regen der vori-
10 gen Nacht hat nicht nur die Wege gebessert, sondern auch die Luft. Alles in allem ein so schöner Tag, wie sie der April uns Hyperboreern nur selten gewährt. Ich werde vier Uhr mit meinem Wagen vor Ihrer Wohnung halten, um Sie und Fräulein Victoire zu einer Spazier-
15 fahrt abzuholen. Über das Ziel erwarte ich Ihre Befehle. Wissen Sie doch, wie glücklich ich bin, Ihnen gehorchen zu können. Bitte Bescheid durch den Über-
bringer. Er ist gerade firm genug im Deutschen, um ein ‚Ja' oder ‚Nein' nicht zu verwechseln. Unter Gruß
20 und Empfehlungen an meine liebe Freundin Victoire (die zu größerer Sicherheit vielleicht eine Zeile schreibt) Ihr Schach."

„Nun, Victoire, was lassen wir sagen . . .?"

„Aber du kannst doch nicht ernsthaft fragen, Mama?"

25 „Nun, denn also ‚ja'."

Victoire hatte sich mittlerweile bereits an den Schreibtisch gesetzt, und ihre Feder kritzelte: „Herzlichst akzeptiert, trotzdem die Ziele vorläufig im dunkeln bleiben. Aber ist der Entscheidungsmoment erst da, so wird
30 er uns auch das Richtige wählen lassen."

Frau von Carayon las über Victoires Schulter fort. „Es klingt so vieldeutig", sagte sie.

„So will ich ein bloßes Ja schreiben, und du kontrasignierst."

35 „Nein, laß es nur."

Und Victoire schloß das Blatt und gab es dem draußen wartenden Groom.

Als sie vom Flur her in das Zimmer zurückkehrte, fand sie die Mama nachdenklich. „Ich liebe solche Pikanterien nicht, und am wenigsten solche Rätselsätze."

„*Du* dürftest sie auch nicht schreiben. Aber ich? Ich darf alles. Und nun höre mich. Es muß etwas geschehen, Mama. Die Leute reden so viel, auch schon zu mir, und da Schach immer noch schweigt und du nicht sprechen *darfst,* so muß *ich* es tun statt eurer und euch verheiraten. Alles in der Welt kehrt sich einmal um. Sonst verheiraten Mütter ihre Töchter, hier liegt es anders, und ich verheirate dich. Er liebt dich und du liebst ihn. In den Jahren seid ihr gleich, und ihr werdet das schönste Paar sein, das seit Menschengedenken im französischen Dom oder in der Dreifaltigkeitskirche getraut wurde. Du siehst, ich lasse dir wenigstens hinsichtlich der Prediger und der Kirche die Wahl; mehr kann ich nicht tun in dieser Sache. Daß du mich mit in die Ehe bringst, ist nicht gut, aber auch nicht schlimm. Wo viel Licht ist, ist viel Schatten."

Frau von Carayons Auge wurde feucht. „Ach, meine süße Victoire, du siehst es anders, als es liegt. Ich will dich nicht mit Bekenntnissen überraschen, und in bloßen Andeutungen zu sprechen, wie du gelegentlich liebst, widerstreitet mir. Ich mag auch nicht philosophieren. Aber *das* laß dir sagen, es liegt alles vorgezeichnet in uns, und was Ursache scheint, ist meist schon wieder Wirkung und Folge. Glaube mir, deine kleine Hand wird das Band *nicht* knüpfen, das du knüpfen möchtest. Es geht nicht, es kann nicht sein. Ich weiß es besser. Und warum auch? Zuletzt lieb ich doch eigentlich nur *dich*."

Ihr Gespräch wurde durch das Erscheinen einer alten Dame, Schwester des verstorbenen Herrn von Carayon, unterbrochen, die jeden Dienstag ein für allemal zu Mittag geladen war und unter „zu Mittag" pünktlicherweise zwölf Uhr verstand, trotzdem sie wußte, daß bei den Carayons erst um drei Uhr gegessen wurde. Tante

Marguerite, das war ihr Name, war noch eine echte
Koloniefranzösin, d. h. eine alte Dame, die das dama-
lige, sich fast ausschließlich im Dativ bewegende Ber-
linisch mit geprüntem Munde sprach, das ü dem i vor-
5 zog, entweder „Kürschen" aß oder in die „Kürche"
ging und ihre Rede selbstverständlich mit französischen
Einschiebseln und Anredefloskeln garnierte. Sauber und
altmodisch gekleidet, trug sie Sommer und Winter denselben kleinen Seidenmantel und hatte jene halbe Ver-
10 wachsenheit, die damals bei den alten Koloniedamen
so allgemein war, daß Victoire einmal als Kind gefragt
hattë: „Wie kommt es nur, liebe Mama, daß fast alle
Tanten so ‚ich weiß nicht wie' sind?" Und dabei hatte
sie eine hohe Schulter gemacht. Zu dem Seidenmantel
15 Tante Margueritens gehörten auch noch ein Paar sei-
dene Handschuhe, die sie ganz besonders in Ehren
hielt und immer erst auf dem obersten Treppenabsatz
anzog. Ihre Mitteilungen, an denen sie's nie fehlen ließ,
entbehrten all und jedes Interesses, am meisten aber
20 dann, wenn sie, was sie sehr liebte, von hohen und
höchsten Personen sprach. Ihre Spezialität waren die
kleinen Prinzessinnen der königlichen Familie: la petite
princesse Charlotte et la petite princesse Alexandrine,
die sie gelegentlich in den Zimmern einer ihr befreun-
25 deten französischen Erzieherin sah und mit denen sie
sich derart liiert fühlte, daß, als eines Tages die Brandenburger Torwache beim Vorüberfahren von la princesse Alexandrine versäumt hatte, rechtzeitig ins Ge-
wehr zu treten und die Trommel zu rühren, sie nicht
30 nur das allgemeine Gefühl der Empörung teilte, sondern
das Ereignis überhaupt ansah, als ob Berlin ein Erd-
beben gehabt habe.

    Das war das Tantchen, das eben eintrat.

    Frau von Carayon ging ihr entgegen und hieß sie
35 herzlich willkommen, herzlicher als sonst wohl, und
das einfach deshalb, weil durch ihr Erscheinen ein Gespräch unterbrochen worden war, das selbst fallen zu

lassen sie nicht mehr die Kraft gehabt hatte. Tante
Marguerite fühlte sofort heraus, wie günstig heute die
Dinge für sie lagen, und begann denn auch in demselben Augenblicke, wo sie sich gesetzt und die Seiden-
handschuh in ihren Pompadour gesteckt hatte, sich   5
dem hohen Adel königlicher Residenzien zuzuwenden,
diesmal mit Umgehung der „Allerhöchsten Herrschaften". Ihre Mitteilungen aus der Adelssphäre waren
ihren Hofanekdoten in der Regel weit vorzuziehen
und hätten ein für allemal passieren können, wenn sie   10
nicht die Schwäche gehabt hätte, die doch immerhin
wichtige Personalfrage mit einer äußersten Gering-
schätzung zu behandeln. Mit andern Worten, sie ver-
wechselte beständig die Namen, und wenn sie von einer
Eskapade der Baronin Stieglitz erzählte, so durfte man   15
sicher sein, daß sie die Gräfin Taube gemeint hatte.
Solche Neuigkeiten eröffneten denn auch das heutige
Gespräch, Neuigkeiten, unter denen *die*, „daß der Rittmeister von Schenk vom Regiment Garde du Corps der
Prinzessin von Croy eine Serenade gebracht habe", die   20
weitaus wichtigste war, ganz besonders, als sich nach
einigem Hin- und Herfragen herausstellte, daß der
Rittmeister von Schenk in den Rittmeister von Schach,
das Regiment Garde du Corps in das Regiment Gensdarmes und die Prinzessin von Croy in die Prinzessin   25
von Carolath zu transponieren sei. Solche Richtigstel-
lungen wurden von seiten der Tante jedesmal ohne jede
Spur von Verlegenheit entgegengenommen, und solche
Verlegenheit kam ihr denn auch *heute* nicht, als ihr,
zum Schluß ihrer Geschichte, mitgeteilt wurde, daß der   30
Rittmeister von Schenk alias Schach noch im Laufe dieses
Nachmittags erwartet werde, da man eine Fahrt über
Land mit ihm verabredet habe. Vollkommener Kavalier
wie er sei, werde er sich sicherlich freuen, eine liebe Verwandte des Hauses an dieser Ausfahrt mit teilnehmen   35
zu sehen. Eine Bemerkung, die von Tante Marguerite
sehr wohlwollend aufgenommen und von einem unwill-

kürlichen Zupfen an ihrem Taftkleide begleitet wurde.

Um Punkt drei war man zu Tische gegangen, und um Punkt vier – l'exactitude est la politesse des rois, würde Bülow gesagt haben – erschien eine zurück-
5 geschlagene Halbchaise vor der Tür in der Behren-straße. Schach, der selbst fuhr, wollte die Zügel dem Groom geben, beide Carayons aber grüßten schon reisefertig vom Balkon her und waren im nächsten Moment mit einer ganzen Ausstattung von Tüchern,
10 Sonnen- und Regenschirmen unten am Wagenschlag. Mit ihnen auch Tante Marguerite, die nunmehr vor-gestellt und von Schach mit einer ihm eigentümlichen Mischung von Artigkeit und Grandezza begrüßt wurde.

„Und nun das dunkle Ziel, Fräulein Victoire."
15 „Nehmen wir Tempelhof", sagte diese.

„Gut gewählt. Nur Pardon, es ist das undunkelste Ziel von der Welt. Namentlich heute. Sonne und wie-der Sonne."

In raschem Trabe ging es die Friedrichstraße hinun-
20 ter, erst auf das Rondell und das Hallesche Tor zu, bis der tiefe Sandweg, der zum Kreuzberg hinaufführte, zu langsamerem Fahren nötigte. Schach glaubte sich entschuldigen zu müssen, aber Victoire, die rückwärts saß und in halber Wendung bequem mit ihm sprechen
25 konnte, war, als echtes Stadtkind, aufrichtig entzückt über all und jedes, was sie zu beiden Seiten des Weges sah, und wurde nicht müde, Fragen zu stellen und ihn durch das Interesse, das sie zeigte, zu beruhigen. Am meisten amüsierten sie die seltsam ausgestopften Alt-
30 weibergestalten, die zwischen den Sträuchern und Gar-tenbeeten umherstanden und entweder eine Strohhut-kiepe trugen oder mit ihren hundert Papilloten im Winde flatterten und klapperten.

Endlich war man den Anhang hinauf, und über den
35 festen Lehmweg hin, der zwischen den Pappeln lief, trabte man jetzt wieder rascher auf Tempelhof zu. Neben der Straße stiegen Drachen auf, Schwalben schos-

sen hin und her, und am Horizonte blitzten die Kirch-
türme der nächstgelegenen Dörfer.

Tante Marguerite, die bei dem Winde, der ging, beständig bemüht war, ihren kleinen Mantelkragen in
Ordnung zu halten, übernahm es nichtsdestoweniger,   5
den Führer zu machen, und setzte dabei beide Carayon-
sche Damen ebensosehr durch ihre Namensverwechs-
lungen wie durch Entdeckung gar nicht vorhandener
Ähnlichkeiten in Erstaunen.

„Sieh, liebe Victoire, dieser Wülmersdörfer Kürch-   10
türm! Ähnelt er nicht unserer Dorotheenstädtschen
Kürche?"

Victoire schwieg.

„Ich meine nicht um seiner Spitze, liebe Victoire,
nein, um seinem Corps de Logis."   15

Beide Damen erschraken. Es geschah aber, was gewöhnlich geschieht, *das* nämlich, daß alles das, was
die Näherstehenden in Verlegenheit bringt, von den
Fernerstehenden entweder überhört oder aber mit
Gleichgültigkeit aufgenommen wird. Und nun gar   20
Schach! Er hatte viel zu lang in der Welt alter Prinzessinnen und Hofdamen gelebt, um noch durch irgendein Dummheits- oder Nichtbildungszeichen in ein besonderes Erstaunen gesetzt werden zu können. Er lächelte
nur und benutzte das Wort „Dorotheenstädtsche Kir-   25
che", das gefallen war, um Frau von Carayon zu fragen, „ob sie schon von dem Denkmal Kenntnis genommen habe, das in ebengenannter Kirche seitens des
hochseligen Königs seinem Sohne, dem Grafen von der
Mark, errichtet worden sei?"   30

Mutter und Tochter verneinten. Tante Marguerite
jedoch, die nicht gerne zugestand, etwas *nicht* zu wissen
oder wohl gar nicht gesehen zu haben, bemerkte ganz
ins allgemeine hin: „Ach, der liebe, kleine Prinz. Daß
er so früh sterben mußte. Wie jämmerlich. Und ähnelte 35
doch seiner hochseligen Frau Mutter um beiden Augen."

Einen Augenblick war es, als ob der in seinem Legi-

timitätsgefühle stark verletzte Schach antworten und
den „von seiner hochseligen Mutter" geborenen „lieben kleinen Prinzen" aufs schmählichste dethroni-
sieren wollte; rasch aber übersah er die Lächerlichkeit
5 solcher Idee, wies also lieber, um doch wenigstens etwas
zu tun, auf das eben sichtbar werdende grüne Kuppel-
dach des Charlottenburger Schlosses hin, und bog im
nächsten Augenblick in die große, mit alten Linden
bepflanzte Dorfgasse von Tempelhof ein.

10 Gleich das zweite Haus war ein Gasthaus. Er gab
dem Groom die Zügel und sprang ab, um den Damen
beim Aussteigen behilflich zu sein. Aber nur Frau von
Carayon und Victoire nahmen die Hilfe dankbar an,
während Tante Marguerite verbindlich ablehnte, „weil
15 sie gefunden habe, daß man sich auf seinen eigenen
Händen immer am besten verlassen könne".

Der schöne Tag hatte viele Gäste hinausgelockt, und
der von einem Staketenzaun eingefaßte Vorplatz war
denn auch an allen seinen Tischen besetzt. Das gab eine
20 kleine Verlegenheit. Als man aber eben schlüssig geworden war, in dem Hintergarten, unter einem halb-
offenen Kegelbahnhäuschen den Kaffee zu nehmen,
ward einer der Ecktische frei, so daß man in Front des
Hauses, mit dem Blick auf die Dorfstraße, verbleiben
25 konnte. Das geschah denn auch, und es traf sich, daß
es der hübscheste Tisch war. Aus seiner Mitte wuchs
ein Ahorn auf, und wenn es auch, ein paar Spitzen ab-
gerechnet, ihm vorläufig noch an allem Laubschmuck
fehlte, so saßen doch schon die Vögel in seinen Zweigen
30 und zwitscherten. Und nicht *das* bloß sah man; Equipagen hielten in der Mitte der Dorfstraße, die Stadt-
kutscher plauderten, und Bauern und Knechte, die mit
Pflug und Egge vom Felde hereinkamen, zogen an der
Wagenreihe vorüber. Zuletzt kam eine Herde, die der
35 Schäferspitz von rechts und links her zusammenhielt,
und dazwischen hörte man die Betglocke, die läutete.
Denn es war eben die sechste Stunde.

Die Carayons, so verwöhnte Stadtkinder sie waren, oder vielleicht auch *weil* sie's waren, enthusiasmierten sich über all und jedes und jubelten, als Schach einen Abendspaziergang in die Tempelhofer Kirche zur Sprache brachte. Sonnenuntergang sei die schönste Stunde. Tante Marguerite freilich, die sich „vor dem unvernünftigen Viehe" fürchtete, wäre lieber am Kaffeetische zurückgeblieben; als ihr aber der zu weiterer Beruhigung herbeigerufene Wirt aufs eindringlichste versichert hatte, „daß sie sich um den Bullen nicht zu fürchten brauche", nahm sie Victoirens Arm und trat mit dieser auf die Dorfstraße hinaus, während Schach und Frau von Carayon folgten. Alles, was noch an dem Staketenzaune saß, sah ihnen nach.

„Es ist nichts so fein gesponnen", sagte Frau von Carayon und lachte.

Schach sah sie fragend an.

„Ja, lieber Freund, ich weiß alles. Und niemand Geringeres als Tante Marguerite hat uns heute mittag davon erzählt."

„Wovon?"

„Von der Serenade. Die Carolath ist eine Dame von Welt und vor allem eine Fürstin. Und Sie wissen doch, was Ihnen nachgesagt wird, ‚daß Sie der garstigsten princesse vor der schönsten bourgeoise den Vorzug geben würden'. Jeder garstigen Prinzeß, sag ich. Aber zum Überfluß ist die Carolath auch noch schön. Un teint de lys et de rose. Sie werden mich eifersüchtig machen."

Schach küßte der schönen Frau die Hand. „Tante Marguerite hat Ihnen richtig berichtet, und Sie sollen nun alles hören. Auch das Kleinste. Denn, wenn es mir, wie zugestanden, eine Freude gewährt, einen solchen Abend unter meinen Erlebnissen zu haben, so gewährt es mir doch eine noch größere Freude, mit meiner schönen Freundin darüber plaudern zu können. Ihre Pläsanterien, die so kritisch und doch zugleich so voll guten Herzens sind, machen mir erst alles lieb und wert. Lächeln Sie nicht. Ach, daß ich Ihnen alles sagen könnte. Teure Josephine, Sie sind mir das Ideal einer Frau: klug und doch ohne Gelehrsamkeit und Dünkel, espritvoll und doch ohne Mokanterie. Die Huldigungen, die mein *Herz* darbringt, gelten nach wie vor nur Ihnen, Ihnen, der Liebenswürdigsten und Besten. Und das ist Ihr höchster Reiz, meine teure Freundin, daß Sie nicht einmal wissen, wie gut Sie sind und welch stille Macht Sie über mich üben."

Er hatte fast mit Bewegung gesprochen, und das Auge der schönen Frau leuchtete, während ihre Hand in der seinen zitterte. Rasch aber nahm sie den scherzhaften Ton wieder auf und sagte: „Wie gut Sie zu sprechen verstehen. Wissen Sie wohl, so gut spricht man nur aus der Verschuldung heraus."

„Oder aus dem Herzen. Aber lassen wir's bei der Verschuldung, die nach Sühne verlangt. Und zunächst nach Beichte. Deshalb kam ich gestern. Ich hatte vergessen, daß Ihr Empfangsabend war, und erschrak fast, als ich Bülow sah und diesen aufgedunsenen Roturier, den Sander. Wie kommt er nur in Ihre Gesellschaft?"

„Er ist der Schatten Bülows."

„Ein sonderbarer Schatten, der dreimal schwerer wiegt als der Gegenstand, der ihn wirft. Ein wahres Mammut. Nur seine Frau soll ihn noch übertreffen, weshalb ich neulich spöttisch erzählen hörte, ‚Sander, wenn er seine Brunnenpromenade vorhabe, gehe nur dreimal um seine Frau herum.' Und *dieser* Mann Bülows Schatten! Wenn Sie lieber sagten, sein Sancho Pansa . . ."

„So nehmen Sie Bülow selbst als Don Quixote?"

„Ja, meine Gnädigste . . . Sie wissen, daß es mir im allgemeinen widersteht, zu medisieren, aber dies ist au fond nicht medisieren, ist eher Schmeichelei. Der gute Ritter von La Mancha war ein ehrlicher Enthusiast, und nun frag ich Sie, teuerste Freundin, läßt sich von Bülow dasselbe sagen? Enthusiast! Er ist exzentrisch, nichts weiter, und das Feuer, das in ihm brennt, ist einfach das einer infernalen Eigenliebe."

„Sie verkennen ihn, lieber Schach. Er ist verbittert, gewiß; aber ich fürchte, daß er ein Recht hat, es zu sein." 5

„Wer an krankhafter Überschätzung leidet, wird immer tausend Gründe haben, verbittert zu sein. Er zieht von Gesellschaft zu Gesellschaft und predigt die billigste der Weisheiten, die Weisheit post festum. Lächerlich. An allem, was uns das letzte Jahr an Demütigungen gebracht hat, ist, wenn man ihn hört, nicht der Übermut oder die Kraft unserer Feinde schuld, o nein, dieser Kraft würde man mit einer größeren Kraft unschwer haben begegnen können, wenn man sich unserer Talente, will also sagen der Talente Bülows, rechtzeitig versichert hätte. Das unterließ die Welt, und daran geht sie zugrunde. So geht es endlos weiter. Darum Ulm und darum Austerlitz. Alles hätt' ein anderes Aussehen gewonnen, sich anders zugetragen, wenn diesem korsischen Thron- und Kronenräuber, diesem Engel der Finsternis, der sich Bonaparte nennt, die Lichtgestalt Bülows auf dem Schlachtfeld entgegengetreten wäre. Mir widerwärtig. Ich hasse solche Fanfaronaden. Er spricht von Braunschweig und Hohenlohe wie von lächerlichen Größen, *ich* aber halte zu dem friderizianischen Satze, daß die Welt nicht sicherer auf den Schultern des Atlas ruht, als Preußen auf den Schultern seiner Armee."

Während dieses Gespräch zwischen Schach und Frau von Carayon geführt wurde, war das ihnen voranschreitende Paar bis an eine Wegstelle gekommen, von der aus ein Fußpfad über ein frisch gepflügtes Ackerfeld hin sich abzweigte.

„Das ist die Kürche", sagte das Tantchen und zeigte mit ihrem Parasol auf ein neugedecktes Turmdach, dessen Rot aus allerlei Gestrüpp und Gezweig hervorschimmerte. Victoire bestätigte, was sich ohnehin nicht bestreiten ließ, und wandte sich zugleich danach nach rückwärts, um die Mama durch eine Kopf- und Handbewegung zu fragen, ob man den hier abzweigenden Fußpfad einschlagen wolle? Frau von Carayon nickte zustimmend, und Tante und Nichte schritten in der angedeuteten Richtung weiter. Überall aus dem braunen Acker stiegen Lerchen auf, die hier, noch ehe die Saat heraus war, schon ihr Furchennest gebaut hatten; ganz zuletzt aber kam ein Stück brachliegendes Feld, das bis an die Kirchhofsmauer lief und, außer einer spärlichen Grasnarbe, nichts aufwies als einen trichterförmigen Tümpel, in dem ein Unkenpaar musizierte, während der Rand des Tümpels in hohen Binsen stand.

„Sieh, Victoire, das sind Binsen."

„Ja, liebe Tante."

„Kannst *du* dir denken, ma chère, daß, als ich jung war, die Binsen als kleine Nachtlichter gebraucht wurden und auch wirklich ganz ruhig auf einem Glase schwammen, wenn man krank war oder auch bloß nicht schlafen konnte . . ."

„Gewiß", sagte Victoire. „Jetzt nimmt man Wachsfädchen, die man zerschneidet und in ein Kartenstückchen steckt."

„Ganz recht, mein Engelchen. Aber früher waren es Binsen, des joncs. Und sie brannten auch. Und deshalb erzähl ich es dir. Denn sie müssen doch ein natürliches Fett gehabt haben, ich möchte sagen etwas Kienenes."

„Es ist wohl möglich", antwortete Victoire, die der Tante nie widersprach, und horchte, während sie dies sagte, nach dem Tümpel hin, in dem das Musizieren der Unken immer lauter wurde. Gleich danach aber sah sie, daß ein halberwachsenes Mädchen von der Kirche her im vollen Lauf auf sie zukam und mit einem zottigen weißen Spitz sich neckte, der bellend und beißend an der Kleinen emporsprang. Dabei warf die

Kleine, mitten im Lauf, einen an einem Strick und einem Klöppel hängenden Kirchenschlüssel in die Luft und fing ihn so geschickt wieder auf, daß weder der Schlüssel noch der Klöppel ihr weh tun konnten. Zuletzt aber blieb sie stehn und hielt die linke Hand vor die Augen, weil die niedergehende Sonne sie blendete. 5

„Bist du die Küsterstochter?" fragte Victoire.

„Ja", sagte das Kind.

„Dann bitte, gib uns den Schlüssel oder komm mit uns und schließ uns die Kirche wieder auf. Wir möchten sie gerne sehen, wir und die Herrschaften da." 10

„Gerne", sagte das Kind und lief wieder voraus, überkletterte die Kirchhofsmauer und verschwand alsbald hinter den Haselnuß- und Hagebuttensträuchern, die hier so reichlich standen, daß sie, trotzdem sie noch kahl waren, eine dichte Hecke bildeten. 15

Das Tantchen und Victoire folgten ihr und stiegen langsam über verfallene Gräber weg, die der Frühling noch nirgends mit seiner Hand berührt hatte; nirgends zeigte sich ein Blatt, und nur unmittelbar neben der Kirche war eine schattig-feuchte Stelle wie mit Veilchen überdeckt. Victoire bückte sich, um hastig davon zu pflücken, und als Schach und Frau von Carayon im nächsten Augenblick den eigentlichen Hauptweg des Kirchhofes heraufkamen, ging ihnen Victoire entgegen und gab der Mutter die Veilchen. 25

Die Kleine hatte mittlerweile schon aufgeschlossen und saß wartend auf dem Schwellstein; als aber beide Paare heran waren, erhob sie sich rasch und trat, allen voraus, in die Kirche, deren Chorstühle fast so schräg standen wie die Grabkreuze draußen. Alles wirkte 30 kümmerlich und zerfallen; der eben sinkende Sonnenball aber, der hinter den nach Abend zu gelegenen Fenstern stand, übergoß die Wände mit einem rötlichen Schimmer und erneuerte, für Augenblicke wenigstens, die längst blind gewordene Vergoldung der alten 35 Altarheiligen, die hier noch, aus der katholischen Zeit her, ihr Dasein fristeten. Es konnte nicht ausbleiben, daß das genferisch reformierte Tantchen aufrichtig erschrak, als sie dieser „Götzen" ansichtig wurde. Schach aber, der unter seine Liebhabereien auch die Genealogie zählte, fragte bei der Kleinen an, ob nicht vielleicht alte Grabsteine da wären?

„Einer ist da", sagte die Kleine. „Dieser hier", und wies auf ein abgetretenes, aber doch noch deutlich erkennbares Steinbild, das aufrecht in einen Pfeiler, dicht neben dem Altar, eingemauert war. Es war ersichtlich ein Reiteroberst.

„Und wer ist es?" fragte Schach.

„Ein Tempelritter", erwiderte das Kind, „und hieß der Ritter von Tempelhof. Und diesen Grabstein ließ er schon bei Lebzeiten machen, weil er wollte, daß er ihm ähnlich werden sollte."

Hier nickte das Tantchen zustimmend, weil das Ähnlichkeitsbedürfnis des angeblichen Ritters von Tempelhof eine verwandte Saite in ihrem Herzen traf.

„Und er baute diese Kirche", fuhr die Kleine fort, „und baute zuletzt auch das Dorf, und nannte es Tempelhof, weil er selber Tempelhof hieß. Und die Berliner sagen ‚Templow'. Aber es ist falsch."

All das nahmen die Damen in Andacht hin, und nur Schach, der neugierig geworden war, fragte weiter, „ob sie nicht das ein oder andere noch aus den Lebzeiten des Ritters wisse?"

„Nein, aus seinen Lebzeiten nicht. Aber nachher."

Alle horchten auf, am meisten das sofort einen leisen Grusel verspürende Tantchen; die Kleine hingegen fuhr in ruhigem Tone fort: „Ob es alles so wahr ist, wie die Leute sagen, das weiß ich nicht. Aber der alte Kossäte Maltusch hat es noch miterlebt."

„Aber was denn, Kind?"

„Er lag hier vor dem Altar über hundert Jahre, bis es ihn ärgerte, daß die Bauern und Einsegnungskinder immer auf ihm herumstanden und ihm das Gesicht abschurrten, wenn sie zum Abendmahl gingen. Und der alte Maltusch, der jetzt ins neunzigste geht, hat mir und meinem Vater erzählt, er habe es noch mit seinen eigenen Ohren gehört, daß es noch mitunter so gepoltert und gerollt hätte, wie wenn es drüben über Schmargendorf donnert."

„Wohl möglich."

„Aber sie verstanden nicht, was das Poltern und Rollen bedeutete", fuhr die Kleine fort. „Und so ging es, bis das Jahr, wo der russische General, dessen Namen ich immer vergesse, hier auf dem Tempelhofer Felde lag. Da kam einen Sonnabend der vorige Küster und wollte die Singezahlen wegwischen und neue für den Sonntag anschreiben. Und nahm auch schon das Kreidestück. Aber da sah er mit einem Male, daß die Zahlen schon weggewischt und neue Gesangbuchzahlen und auch die Zahlen von einem Bibelspruch, Kapitel und Vers, mit angeschrieben waren. Alles altmodisch und undeutlich, und nur so grade noch zu lesen. Und als sie nachschlugen, da fanden sie: ‚Du sollst deinen Toten in Ehren halten und ihn nicht schädigen an seinem Antlitz.' Und nun wußten sie, wer die Zahlen geschrieben, und nahmen den Stein auf und mauerten ihn in diesen Pfeiler."

„Ich finde doch", sagte Tante Marguerite, die, je schrecklicher sie sich vor Gespenstern fürchtete, desto lebhafter ihr Vorhandensein bestritt, „ich finde doch, die Regierung sollte mehr gegen den Aberglauben tun." Und dabei wandte sie sich ängstlich von dem unheimlichen Steinbild ab und ging mit Frau von Carayon, die, was Gespensterfurcht anging, mit dem Tantchen wetteifern konnte, wieder dem Ausgange zu.

Schach folgte mit Victoire, der er den Arm gereicht hatte.

„War es wirklich ein Tempelritter?" fragte diese. „Meine Tempelritterkenntnis beschränkt sich freilich nur auf den *einen* im ‚Nathan', aber wenn unsere

Bühne die Kostümfrage nicht zu willkürlich behandelt hat, so müssen die Tempelritter durchaus anders ausgesehen haben. Hab ich recht?"

„*Immer* recht, meine liebe Victoire." Und der Ton
5 dieser Worte traf ihr Herz und zitterte darin nach, ohne daß sich Schach dessen bewußt gewesen wäre.

„Wohl. Aber wenn kein Templer, was *dann?*" fragte sie weiter und sah ihn zutraulich und doch verlegen an.

„Ein Reiteroberst aus der Zeit des Dreißigjährigen
10 Krieges. Oder vielleicht auch erst aus den Tagen von Fehrbellin. Ich las sogar seinen Namen: Achim von Haake."

„So halten Sie die ganze Geschichte für ein Märchen?"

„Nicht eigentlich das, oder wenigstens nicht in allem.
15 Es ist erwiesen, daß wir Templer in diesem Lande hatten, und die Kirche hier mit ihren vorgotischen Formen mag sehr wohl bis in jene Templertage zurückreichen. So viel ist glaubhaft."

„Ich höre so gern von diesem Orden."

20 „Auch ich. Er ist von der strafenden Hand Gottes am schwersten heimgesucht worden und eben deshalb auch der poetischste und interessanteste. Sie wissen, was ihm vorgeworfen wird: Götzendienst, Verleugnung Christi, Laster aller Art. Und ich fürchte, mit
25 Recht. Aber groß wie seine Schuld, so groß war auch seine Sühne, ganz dessen zu geschweigen, daß auch hier wieder der unschuldig Überlebende die Schuld voraufgegangener Geschlechter zu büßen hatte. Das Los und Schicksal aller Erscheinungen, die sich, auch da noch,
30 wo sie fehlen und irren, dem Alltäglichen entziehen. Und so sehen wir denn den schuldbeladenen Orden, all seiner Unrühmlichkeiten unerachtet, schließlich in einem wiedergewonnenen Glorienschein zugrunde gehen. Es war der Neid, der ihn tötete, der Neid und der
35 Eigennutz, und schuldig oder nicht, mich überwältigt seine Größe."

Victoire lächelte. „Wer Sie so hörte, lieber Schach,

könnte meinen, einen nachgeborenen Templer in Ihnen zu sehen. Und doch war es ein mönchischer Orden, und mönchisch war auch sein Gelübde. Hätten Sie's vermocht, als Templer zu leben und zu sterben?"

„Ja."

„Vielleicht verlockt durch das Kleid, das noch kleidsamer war als die Supraweste der Gensdarmes."

„Nicht durch das Kleid, Victoire. Sie verkennen mich. Glauben Sie mir, es lebt etwas in mir, das mich vor keinem Gelübde zurückschrecken läßt."

„Um es zu halten?"

Aber eh er noch antworten konnte, fuhr sie rasch in wieder scherzhafter werdendem Ton fort: „Ich glaube, Philipp le Bel hat den Orden auf dem Gewissen. Sonderbar, daß alle historischen Personen, die den Beinamen des ‚Schönen‘ führen, mir unsympathisch sind. Und ich hoffe, nicht aus Neid. Aber die Schönheit, das muß wahr sein, macht selbstisch, und wer selbstisch ist, ist undankbar und treulos."

Schach suchte zu widerlegen. Er wußte, daß sich Victoirens Worte, so sehr sie Pikanterien und Andeutungen liebte, ganz unmöglich gegen *ihn* gerichtet haben konnten. Und darin traf er's auch. Es war alles nur jeu d'esprit, eine Nachgiebigkeit gegen ihren Hang, zu philosophieren. Und doch, alles, was sie gesagt hatte, so gewiß es absichtslos gesagt worden war, so gewiß war es doch auch aus einer dunklen Ahnung heraus gesprochen worden.

Als ihr Streit schwieg, hatte man den Dorfeingang erreicht, und Schach hielt, um auf Frau von Carayon und Tante Marguerite, die sich beide versäumt hatten, zu warten.

Als sie heran waren, bot er der Frau von Carayon den Arm und führte *diese* bis an das Gasthaus zurück.

Victoire sah ihnen betroffen nach und sann nach über den Tausch, den Schach mit keinem Worte der Entschuldigung begleitet hatte. „Was war das?" Und sie verfärbte sich, als sie sich, aus einem plötzlichen Argwohn heraus, die selbstgestellte Frage beantwortet hatte.

Von einem Wiederplatznehmen vor dem Gasthause war keine Rede mehr, und man gab es um so leichter und lieber auf, als es inzwischen kühl geworden, und der Wind, der den ganzen Tag über geweht hatte, nach Nordwesten hin umgesprungen war.

Tante Marguerite bat sich den Rücksitz aus, „um nicht gegen dem Winde zu fahren".

Niemand widersprach. So nahm sie denn den erbetenen Platz, und während jeder in Schweigen überdachte, was ihm der Nachmittag gebracht hatte, ging es in immer rascherer Fahrt wieder auf die Stadt zurück.

Diese lag schon in Dämmer, als man bis an den Abhang der Kreuzberghöhe gekommen war, und nur die beiden Gensdarmentürme ragten noch mit ihren Kuppeln aus dem graublauen Nebel empor.

V

Victoire von Carayon an Lisette von Perbandt

Berlin, den 3. Mai. Ma chère Lisette.

Wie froh war ich, endlich von Dir zu hören, und so Gutes. Nicht als ob ich es anders erwartet hätte; wenige Männer hab ich kennengelernt, die mir so ganz eine Garantie des Glückes zu bieten scheinen wie der Deinige. Gesund, wohlwollend, anspruchslos, und von jenem schönen Wissens- und Bildungsmaß, das ein gleich gefährliches Zuviel und Zuwenig vermeidet. Wobei ein „Zuviel" das vielleicht noch Gefährlichere ist. Denn junge Frauen sind nur zu geneigt, die Forderung zu stellen: „Du sollst keine andren Götter haben neben

43

mir." Ich sehe das beinah täglich bei Rombergs, und Marie weiß es ihrem klugen und liebenswürdigen Gatten wenig Dank, daß er über Politik und französische Zeitungen die Visiten und Toiletten vergißt.

Was mir allein eine Sorge machte, war Deine neue masurische Heimat, ein Stück Land, das ich mir immer als einen einzigen großen Wald mit hundert Seen und Sümpfen vorgestellt habe. Da dacht ich denn, diese neue Heimat könne Dich leicht in ein melancholisches Träumen versetzen, das dann immer den Anfang zu Heimweh oder wohl gar zu Trauer und Tränen ist. Und davor, so hab ich mir sagen lassen, erschrecken die Männer. Aber ich sehe zu meiner herzlichen Freude, daß Du auch *dieser* Gefahr entgangen bist, und daß die Birken, die Dein Schloß umstehn, grüne Pfingstmaien und keine Trauerbirken sind. Apropos, über das Birkenwasser mußt Du mir gelegentlich schreiben. Es gehört zu den Dingen, die mich immer neugierig gemacht haben, und die kennenzulernen mir bis diesen Augenblick versagt geblieben ist.

Und nun soll ich Dir über *uns* berichten. Du frägst teilnehmend nach all und jedem, und verlangst sogar von Tante Margueritens neuester Prinzessin und neuester Namensverwechslung zu hören. Ich könnte Dir gerade *davon* erzählen, denn es sind keine drei Tage her, daß wir (wenigstens von diesen Verwechslungen) ein gerüttelt und geschüttelt Maß gehabt haben.

Es war auf einer Spazierfahrt, die Herr von *Schach* mit uns machte, nach Tempelhof, und zu der auch das Tantchen aufgefordert werden mußte, weil es ihr Tag war. Du weißt, daß wir sie jeden Dienstag als Gast in unsrem Hause sehn. Sie war denn auch mit uns in der „Kürche", wo sie, beim Anblick einiger Heiligenbilder aus der katholischen Zeit her, nicht nur beständig auf Ausrottung des Aberglaubens drang, sondern sich mit eben diesem Anliegen auch regelmäßig an Schach wandte, wie wenn dieser im Konsistorium säße. Und da leg ich denn (weil ich nun mal die Tugend oder Untugend habe, mir alles gleich leibhaftig vorzustellen) während des Schreibens die Feder hin, um mich erst herzlich auszulachen. Au fond freilich ist es viel weniger lächerlich, als es im ersten Augenblick erscheint. Er hat etwas konsistorialrätlich Feierliches, und wenn mich nicht alles täuscht, so ist es gerade dies Feierliche, was Bülow so sehr gegen ihn einnimmt. Viel, viel mehr als der Unterschied der Meinungen.

Und beinah klingt es, als ob ich mich in meiner Schilderung Bülow anschlösse. Wirklich, wüßtest Du's nicht besser, Du würdest dieser Charakteristik unseres Freundes nicht entnehmen können, wie sehr ich ihn schätze. Ja, mehr denn je, trotzdem es an manchem Schmerzlichen nicht fehlt. Aber in meiner Lage lernt man milde sein, sich trösten, verzeihn. Hätt' ich es *nicht* gelernt, wie könnt' ich leben, *ich,* die ich so gern lebe! Eine Schwäche, die (wie ich einmal gelesen) alle diejenigen haben sollen, von denen man es am wenigsten begreift.

Aber ich sprach von manchem Schmerzlichen, und es drängt mich, Dir davon zu erzählen.

Es war erst gestern auf unserer Spazierfahrt. Als wir den Gang aus dem Dorf in die Kirche machten, führte Schach Mama. Nicht zufällig, es war arrangiert, und zwar durch *mich.* Ich ließ beide zurück, weil ich eine Aussprache (Du weißt, *welche)* zwischen beiden herbeiführen wollte. Solche stillen Abende, wo man über Feld schreitet und nichts hört als das Anschlagen der Abendglocke, heben uns über kleine Rücksichten fort und machen uns freier. Und sind wir erst *das,* so findet sich auch das rechte Wort. Was zwischen ihnen gesprochen wurde, weiß ich nicht, jedenfalls nicht *das,* was gesprochen werden sollte. Zuletzt traten wir in die Kirche, die vom Abendrot wie durchglüht war, alles gewann Leben, und es war unvergeßlich schön. Auf dem Heimwege tauschte Schach und führt *mich.* Er sprach sehr anziehend und in einem Tone, der mir ebenso wohltat, als er mich überraschte. Jedes Wort ist mir noch in der Erinnerung geblieben und gibt mir zu denken. Aber was geschah? Als wir wieder am Eingange des Dorfes waren, wurd' er schweigsamer und wartete auf die Mama. Dann bot er *ihr* den Arm, und so gingen sie durch das Dorf nach dem Gasthause zurück, wo die Wagen hielten und viele Leute versammelt waren. Es gab mir einen Stich durchs Herz, denn ich konnte mich des Gedankens nicht erwehren, daß es ihm peinlich gewesen sei, mit *mir* und an meinem Arm unter den Gästen zu erscheinen. In seiner Eitelkeit, von der ich ihn nicht freisprechen kann, ist es ihm unmöglich, sich über das Gerede der Leute hinwegzusetzen, und ein spöttisches Lächeln verstimmt ihn auf eine Woche. So selbstbewußt er ist, so schwach und abhängig ist er in diesem *einen* Punkte. Vor niemandem in der Welt, auch vor der Mama nicht, würd' ich ein solches Bekenntnis ablegen, aber *Dir* gegenüber mußt' ich es. Hab ich unrecht, so sage mir, daß mein Unglück mich mißtrauisch gemacht habe, so halte mir eine Strafpredigt in allerstrengsten Worten, und sei versichert, daß ich sie mit dankbarem Auge lesen werde. Denn all seiner Eitelkeit unerachtet, schätz ich ihn wie keinen andern. Es ist ein Satz, daß Männer nicht eitel sein dürfen, weil Eitelkeit lächerlich mache. Mir scheint dies übertrieben. Ist aber der Satz dennoch richtig, so bedeutet Schach eine Ausnahme. Ich hasse das Wort „ritterlich" und habe doch kein anderes für ihn. *Eines* ist er vielleicht noch mehr, diskret, imponierend, oder doch voll natürlichen Ansehns, und sollte sich mir *das* erfüllen, was ich um der Mama und auch um meinetwillen wünsche, so würd es mir nicht schwer werden, mich in eine Respektsstellung zu ihm hineinzufinden.

Und dazu noch eins. Du hast ihn nie für sehr gescheit gehalten, und ich meinerseits habe nur schüchtern widersprochen. Er hat aber doch die beste Gescheitheit, die

mittlere, dazu die des redlichen Mannes. Ich empfinde dies jedesmal, wenn er seine Fehde mit Bülow führt. So sehr ihm dieser überlegen ist, so sehr steht er doch hinter ihm zurück. Dabei fällt mir mitunter auf, wie der
5 Groll, der sich in unserem Freunde regt, ihm eine gewisse Schlagfertigkeit, ja selbst Esprit verleiht. Gestern hat er Sander, dessen Persönlichkeit Du kennst, den Bülowschen Sancho Pansa genannt. Die weiteren Schlußfolgerungen ergeben sich von selbst, und ich find es
10 nicht übel.

Sanders Publikationen machen mehr von sich reden denn je; die Zeit unterstützt das Interesse für eine lediglich polemische Literatur. Außer von Bülow sind auch Aufsätze von Massenbach und Phull erschienen,
15 die von den Eingeweihten als etwas Besonderes und nie Dagewesenes angepriesen werden. Alles richtet sich gegen Österreich und beweist aufs neue, daß, wer den Schaden hat, für den Spott nicht sorgen darf. Schach ist empört über dies anmaßliche Besserwissen, wie er's
20 nennt, und wendet sich wieder seinen alten Liebhabereien zu, Kupferstichen und Rennpferden. Sein kleiner Groom wird immer kleiner. Was bei den Chinesinnen die kleinen Füße sind, sind bei den Grooms die kleinen Proportionen überhaupt. Ich meinerseits verhalte mich
25 ablehnend gegen beide, ganz besonders aber gegen die chinesisch eingeschnürten Füßchen, und bin umgekehrt froh, in einem bequemen Pantoffel zu stecken. Führen, schwingen werd ich ihn nie; das überlasse ich meiner teuren Lisette. Tu es mit der Milde, die Dir eigen ist.
30 Empfiehl mich Deinem teuren Manne, der nur den einen Fehler hat, Dich mir entführt zu haben. Mama grüßt und küßt ihren Liebling, ich aber lege Dir den Wunsch ans Herz, vergiß in der Fülle des Glücks, die Dir zuteil wurde, nicht *ganz* Deine, wie Du weißt, auf
35 ein bloßes Pflichtteil des Glückes gesetzte *Victoire*.

VI

Bei Prinz Louis

An demselben Abend, an dem Victoire von Carayon
ihren Brief an Lisette von Perbandt schrieb, empfing
Schach in seiner in der Wilhelmstraße gelegenen Wohnung ein Einladungsbillett von der Hand des Prinzen
Louis.

Es lautete:

„Lieber Schach. Ich bin erst seit drei Tagen hier im
Moabiter Land und dürste bereits nach Besuch und
Gespräch. Eine Viertelmeile von der Hauptstadt hat
man schon die Hauptstadt nicht mehr und verlangt
nach ihr. Darf ich für morgen auf Sie rechnen? Bülow
und sein verlegerischer Anhang haben zugesagt, auch
Massenbach und Phull. Also lauter Opposition, die
mich erquickt, auch wenn ich sie bekämpfe. Von Ihrem
Regiment werden Sie noch Nostitz und Alvensleben
treffen. Im Interimsrock und um fünf Uhr. Ihr *Louis,*
Prinz von Pr."

Um die festgesetzte Stunde fuhr Schach, nachdem er
Alvensleben und Nostitz abgeholt hatte, vor der prinzlichen Villa vor. Diese lag am rechten Flußufer, um-
geben von Wiesen und Werftweiden, und hatte die
Front, über die Spree fort, auf die Westlisiere des Tiergartens. Anfahrt und Aufgang waren von der Rück-
seite her. Eine breite, mit Teppich belegte Treppe führte
bis auf ein Podium und von diesem auf einen Vorflur,
auf dem die Gäste vom Prinzen empfangen wurden.
Bülow und Sander waren bereits da, Massenbach und
Phull dagegen hatten sich entschuldigen lassen. Schach
war es zufrieden, fand schon Bülow mehr als genug
und trug kein Verlangen, die Zahl der Genialitätsleute
verstärkt zu sehen. Es war heller Tag noch, aber in dem
Speisesaal, in den sie von dem Vestibül aus eintraten,
brannten bereits die Lichter und waren (übrigens bei

offenstehenden Fenstern) die Jalousien geschlossen. Zu diesem künstlich hergestellten Licht, in das sich von außen her ein Tagesschimmer mischte, stimmte das Feuer in dem in der Mitte des Saales befindlichen Ka-
5 mine. Vor eben diesem, ihm den Rücken zukehrend, saß der Prinz und sah, zwischen den offenstehenden Jalousiebrettchen hindurch, auf die Bäume des Tiergartens.

„Ich bitte fürlieb zu nehmen", begann er, als die
10 Tafelrunde sich arrangiert hatte. „Wir sind hier auf dem Lande; das muß als Entschuldigung dienen für alles, was fehlt. ‚A la guerre, comme à la guerre.‘ Massenbach, unser Gourmet, muß übrigens etwas derart geahnt, respektive gefürchtet haben. Was mich auch
15 nicht überraschen würde. Heißt es doch, lieber Sander, Ihr guter Tisch habe mehr noch als Ihr guter Verlag die Freundschaft zwischen Ihnen besiegelt."

„Ein Satz, dem ich kaum zu widersprechen wage, Königliche Hoheit."

20 „Und doch *müßten* Sie's eigentlich. Ihr ganzer Verlag hat keine Spur von jenem ‚laisser passer‘, das das Vorrecht, ja die Pflicht aller gesättigten Leute ist. Ihre Genies (Pardon, Bülow) schreiben alle wie Hungrige. Meinetwegen. Unsere Paradeleute geb ich Ihnen preis,
25 aber daß Sie mir auch die Österreicher so schlecht behandeln, das mißfällt mir."

„Bin *ich* es, Königliche Hoheit? Ich, für meine Person, habe nicht die Prätension höherer Strategie. Nebenher freilich möcht ich, sozusagen aus meinem Verlage
30 heraus, die Frage stellen dürfen: ‚War Ulm etwas Kluges?‘"

„Ach, mein lieber Sander, was ist klug? Wir Preußen bilden uns beständig ein, es zu sein; und wissen Sie, was Napoleon über unsere vorjährige thüringische Auf-
35 stellung gesagt hat? Nostitz, wiederholen Sie's! ... Er will nicht. Nun, so muß ich es selber tun. ‚Ah, ces Prussiens‘, hieß es, ‚ils sont encore *plus* stupides que les

Autrichiens.' Da haben Sie Kritik über unsere viel-
gepriesene Klugheit, noch dazu Kritik von einer aller-
berufensten Seite her. Und hätt' er's damit getroffen,
so müßten wir uns schließlich zu dem Frieden noch beglückwünschen, den uns Haugwitz erschachert hat. Ja, 5
erschachert, indem er für ein Mitbringsel unsere Ehre
preisgab. Was sollen wir mit Hannover? Es ist der
Brocken, an dem der preußische Adler ersticken wird."

„Ich habe zu der Schluck- und Verdauungskraft unseres preußischen Adlers ein besseres Vertrauen", er- 10
widerte Bülow. „Gerade *das* kann er und versteht er
von alten Zeiten her. Indessen *darüber* mag sich streiten lassen, worüber sich aber *nicht* streiten läßt, das ist
der Friede, den uns Haugwitz gebracht hat. Wir brau-
chen ihn wie das tägliche Brot, und mußten ihn haben, 15
so lieb uns unser Leben ist. Königliche Hoheit haben
freilich einen Haß gegen den armen Haugwitz, der
mich insoweit überrascht, als dieser Lombard, der doch
die Seele des Ganzen ist, von jeher Gnade vor Eurer
Königlichen Hoheit Augen gefunden hat!" 20

„Ah, Lombard! Den Lombard nehm ich nicht ernsthaft und stell ihm außerdem noch in Rechnung, daß er
ein halber Franzose ist. Dazu hat er eine Form des
Witzes, die mich entwaffnet. Sie wissen doch, sein Vater
war *Friseur* und seiner Frau Vater ein *Barbier*. Und 25
nun kommt eben diese Frau, die nicht nur eitel ist bis
zum Närrischwerden, sondern auch noch schlechte französische Verse macht, und fragt ihn, was schöner sei:
‚L'hirondelle *frise* la surface des eaux' oder ‚l'hirondelle
rase la surface des eaux?' Und was antwortet er? ‚Ich 30
sehe keinen Unterschied, meine Teure; l'hirondelle *frise*
huldigt *meinem* Vater und l'hirondelle *rase* dem *dei-
nigen*.' In diesem Bonmot haben Sie den ganzen Lombard. Was mich aber persönlich angeht, so bekenn ich
Ihnen offen, daß ich einer so witzigen Selbstpersiflage 35
nicht widerstehen kann. Er ist ein Polisson, kein Charakter."

„Vielleicht, daß sich ein Gleiches auch von Haugwitz sagen ließe, zum Guten wie zum Schlimmen. Und wirklich, ich geb Eurer Königlichen Hoheit den *Mann* preis. Aber *nicht* seine Politik. Seine Politik ist gut, denn sie rechnet mit gegebenen Größen. Und Eure Königliche Hoheit wissen das besser als ich. Wie steht es denn in Wahrheit mit unseren Kräften? Wir leben von der Hand in den Mund, und warum? weil der Staat Friedrichs des Großen nicht ein Land mit einer Armee, sondern eine Armee mit einem Lande ist. Unser Land ist nur Standquartier und Verpflegungsmagazin. In sich selber entbehrt es aller großen Ressourcen. Siegen wir, so geht es; aber Kriege führen dürfen nur solche Länder, die Niederlagen ertragen können. Das können wir *nicht*. Ist die Armee hin, so ist alles hin. Und wie schnell eine Armee hin sein kann, das hat uns Austerlitz gezeigt. Ein Hauch kann uns töten, gerad auch *uns*. ‚Er blies, und die Armada zerstob in alle vier Winde.‘ Afflavit Deus et dissipati sunt.“

„Herr von Bülow“, unterbrach hier Schach, „möge mir eine Bemerkung verzeihn. Er wird doch, denk ich, in dem Höllenbrodem, der jetzt über die Welt weht, nicht den Odem Gottes erkennen wollen, nicht *den*, der die Armada zerblies.“

„*Doch*, Herr von Schach. Oder glauben Sie wirklich, daß der Odem Gottes im Spezialdienste des Protestantismus oder gar Preußens und seiner Armee steht?“

„Ich hoffe, ja.“

„Und ich fürchte, *nein*. Wir haben die ‚propreste Armee‘, das ist alles. Aber mit der ‚Proprität‘ gewinnt man keine Schlachten. Erinnern Sich Königliche Hoheit der Worte des großen Königs, als General Lehwald ihm seine dreimal geschlagenen Regimenter in Parade vorführte? ‚Propre Leute‘, hieß es. ‚Da seh er meine. Sehen aus wie die Grasdeibel, *aber beißen*.‘ Ich fürchte, wir haben jetzt zu viel Lehwaldsche Regimenter und zu wenig altenfritzige. Der Geist ist heraus, alles ist Dres-

sur und Spielerei geworden. Gibt es doch Offiziere, die,
der großen Prallheit und Drallheit halber, ihren Uni-
formrock direkt auf dem Leibe tragen. Alles Unnatur.
Selbst das Marschierenkönnen, diese ganz gewöhnliche
Fähigkeit des Menschen, die Beine zu setzen, ist uns in
dem ewigen Paradeschritt verlorengegangen. Und Marschierenkönnen ist jetzt die erste Bedingung des Erfol-
ges. Alle modernen Schlachten sind mit den Beinen
gewonnen worden."

„Und mit *Gold*", unterbrach hier der Prinz. „Ihr
großer Empereur, lieber Bülow, hat eine Vorliebe für
kleine Mittel. Ja, für allerkleinste. Daß er lügt, ist
sicher. Aber er ist auch ein Meister in der Kunst der
Bestechung. Und wer hat uns die Augen darüber geöffnet? Er selber. Lesen Sie, was er unmittelbar vor
der Austerlitzer Bataille sagte. ‚Soldaten', hieß es, ‚der
Feind wird marschieren und unsere Flanke zu gewinnen suchen; bei dieser Marschbewegung aber wird er
die seinige preisgeben. Wir werden uns auf diese seine
Flanke werfen und ihn schlagen und vernichten.' Und
genau so verlief die Schlacht. Es ist unmöglich, daß er
aus der bloßen Aufstellung der Österreicher auch schon
ihren Schlachtplan erraten haben könnte."

Man schwieg. Da dies Schweigen aber dem lebhaften
Prinzen um vieles peinlicher war als Widerspruch, so
wandte er sich direkt an Bülow und sagte: „Widerlegen Sie mich."

„Königliche Hoheit befehlen, und so gehorch ich
denn. Der Kaiser wußte genau, was geschehen werde,
konnte es wissen, weil er sich die Frage, ‚was tut hier
die *Mittelmäßigkeit*' in vorausberechnender Weise nicht
bloß gestellt, sondern auch beantwortet hatte. Die
höchste Dummheit, wie zuzugestehen ist, entzieht sich
ebenso der Berechnung wie die höchste Klugheit – das
ist eine von den großen Seiten der echten und unver-
fälschten Stupidität. Aber jene ‚Mittelklugen', die gerade klug genug sind, um von der Lust, ‚es auch einmal

mit etwas Geistreichem zu probieren', angewandelt zu
werden, diese Mittelklugen sind allemal am leichtesten
zu berechnen. Und warum? Weil sie jederzeit nur die
Mode mitmachen und heute kopieren, was sie gestern
5 sahen. Und das alles wußte der Kaiser. Hic haeret. Er
hat sich nie glänzender bewährt als in dieser Austerlitzer Aktion, auch im Nebensächlichen nicht, auch nicht
in jenen Impromptus und witzigen Einfällen auf dem
Gebiete des Grausigen, die so recht eigentlich das Kenn-
10 zeichen des Genies sind."

    „Ein Beispiel."

    „Eins für hundert. Als das Zentrum schon durch-
brochen war, hatte sich ein Teil der russischen Garde,
vier Bataillone, nach ebensoviel gefrorenen Teichen hin
15 zurückgezogen, und eine französische Batterie fuhr auf,
um mit Kartätschen in die Bataillone hineinzufeuern.
In diesem Augenblick erschien der Empereur. Er über-
blickte sofort das Besondere der Lage. ‚Wozu hier ein
Sichabmühen en détail?' Und er befahl, mit Vollkugeln
20 auf das *Eis* zu schießen. Eine Minute später, und das
Eis barst und brach, und alle vier Bataillone gingen
en carré in die morastige Tiefe. Solche vom Moment
eingegebenen Blitze hat nur immer das Genie. Die
Russen werden sich jetzt vornehmen, es bei nächster
25 Gelegenheit ebenso zu machen, aber wenn Kutusow auf
Eis wartet, wird er plötzlich in Wasser oder Feuer
stecken. Österreich-russische Tapferkeit in Ehren, nur
nicht ihr Ingenium. Irgendwo heißt es: ‚In meinem
Wolfstornister regt sich des Teufels Küster, ein *Kobold,*
30 heißt Genie' – nun, in dem russisch-österreichischen
Tornister ist dieser ‚Kobold und Teufelsküster' nie und
nimmer zu Hause gewesen. Und um dies Manko zu
kassieren, bedient man sich der alten, elenden Trost-
gründe: Bestechung und Verräterei. Jedem Besiegten
35 wird es schwer, den Grund seiner Niederlagen an der
einzig richtigen Stelle, nämlich *in sich selbst* zu suchen,
und auch Kaiser Alexander, mein ich, verzichtet auf

ein solches Nachforschen am recht eigentlichsten Platz."

„Und wer wollt ihm darüber zürnen?" antwortete Schach. „Er tat das Seine, ja mehr. Als die Höhe schon verloren und doch andrerseits die Möglichkeit einer Wiederherstellung der Schlacht noch nicht geschwunden war, ging er klingenden Spiels an der Spitze neuer Regimenter vor; sein Pferd ward ihm unter dem Leibe erschossen, er bestieg ein zweites, und eine halbe Stunde lang schwankte die Schlacht. Wahre Wunder der Tapferkeit wurden verrichtet, und die Franzosen selbst haben es in enthusiastischen Ausdrücken anerkannt."

Der Prinz, der bei der vorjährigen Berliner Anwesenheit des unausgesetzt als deliciae generis humani gepriesenen Kaisers keinen allzu günstigen Eindruck von ihm empfangen hatte, fand es einigermaßen unbequem, den „liebenswürdigsten der Menschen" auch noch zum „heldischsten" erhoben zu sehen. Er lächelte deshalb und sagte: „Seine kaiserliche Majestät in Ehren, so scheint es mir doch, lieber Schach, als ob Sie französischen Zeitungsberichten mehr Gewicht beilegten, als ihnen beizulegen *ist*. Die Franzosen sind kluge Leute. Je mehr Rühmens sie von ihrem Gegner machen, desto größer wird ihr eigner Ruhm, und dabei schweig ich noch von allen möglichen politischen Gründen, die jetzt sicherlich mitsprechen. ‚Man soll seinem Feinde goldene Brücken bauen', sagt das Sprichwort, und sagt es mit Recht, denn wer heute mein Feind war, kann morgen mein Verbündeter sein. Und in der Tat, es spukt schon dergleichen, ja, wenn ich recht unterrichtet bin, so verhandelt man bereits über eine neue Teilung der Welt, will sagen über die Wiederherstellung eines morgenländischen und abendländischen Kaisertums. Aber lassen wir Dinge, die noch in der Luft schweben, und erklären wir uns das dem Heldenkaiser gespendete Lob lieber einfach aus dem Rechnungssatze: ‚Wenn der unterlegene russische Mut einen vollen Zentner wog, so wog der siegreich französische natürlich *zwei*.'"

Schach, der seit Kaiser Alexanders Besuch in Berlin das Andreaskreuz trug, biß sich auf die Lippen und wollte replizieren. Aber Bülow kam ihm zuvor und bemerkte: „Gegen ‚unter dem Leibe erschossene Kaiserpferde‘ bin ich überhaupt immer mißtrauisch. Und nun gar hier. All diese Lobeserhebungen müssen Seine Majestät sehr in Verlegenheit gebracht haben, denn es gibt ihrer zu viele, die das Gegenteil bezeugen können. Er ist der ‚gute Kaiser‘ und damit basta."

„Sie sprechen das so spöttisch, Herr von Bülow", antwortete Schach. „Und doch frag ich Sie, gibt es einen schöneren Titel?"

„O gewiß gibt es den. Ein *wirklich* großer Mann wird nicht um seiner Güte willen gefeiert und noch weniger danach benannt. Er wird umgekehrt ein Gegenstand beständiger Verleumdungen sein. Denn das Gemeine, das überall vorherrscht, liebt nur das, was ihm gleicht. Brenkenhof, der trotz seiner Paradoxien mehr gelesen werden sollte, als er gelesen wird, behauptet geradezu, ‚daß in unserem Zeitalter die besten Menschen die schlechteste Reputation haben müßten‘. Der gute Kaiser! Ich bitte Sie. Welche Augen wohl König Friedrich gemacht haben würde, wenn man ihn den ‚guten Friedrich‘ genannt hätte."

„Bravo, Bülow", sagte der Prinz und grüßte mit dem Glase hinüber. „Das ist mir aus der Seele gesprochen."

Aber es hätte dieses Zuspruches nicht bedurft. „Alle Könige", fuhr Bülow in wachsendem Eifer fort, „die den Beinamen des ‚Guten‘ führen, sind solche, die das ihnen anvertraute Reich zu Grabe getragen oder doch bis an den Rand der Revolution gebracht haben. Der letzte König von Polen war auch ein sogenannter ‚guter‘. In der Regel haben solche Fürstlichkeiten einen großen Harem und einen kleinen Verstand. Und geht es in den Krieg, so muß irgendeine Kleopatra mit ihnen, gleichviel mit oder ohne Schlange."

„Sie meinen doch nicht, Herr von Bülow", entgegnete Schach, „durch Auslassungen wie *diese* den Kaiser Alexander charakterisiert zu haben."

„Wenigstens annähernd."

„Da wär' ich doch neugierig."

„Es ist zu diesem Behufe nur nötig, sich den letzten Besuch des Kaisers in Berlin und Potsdam zurückzurufen. Um was handelte sich's? Nun, anerkanntermaßen um nichts Kleines und Alltägliches, um Abschluß eines Bündnisses auf Leben und Tod, und wirklich, bei Fackellicht trat man in die Gruft Friedrichs des Großen, um sich, über dem Sarge desselben, eine halbmystische Blutsfreundschaft zuzuschwören. Und was geschah unmittelbar danach? Ehe drei Tage vorüber waren, wußte man, daß der aus der Gruft Friedrichs des Großen glücklich wieder ans Tageslicht gestiegene Kaiser die fünf anerkanntesten Beautés des Hofes in ebensoviele Schönheitskategorien gebracht habe: beauté coquette und beauté triviale, beauté céleste und beauté du diable, und endlich fünftens ‚beauté, qui inspire seul du vrai sentiment'. Wobei wohl jeden die Neugier angewandelt haben mag, das Allerhöchste ‚vrai sentiment' kennenzulernen."

VII

Ein neuer Gast

All diese Sprünge Bülows hatten die Heiterkeit des Prinzen erregt, der denn auch eben mit einem ihm bequem liegenden Capriccio über beauté céleste und beauté du diable beginnen wollte, als er vom Korridor her, unter dem halb zurückgeschlagenen Portierenteppich, einen ihm wohlbekannten kleinen Herrn von unverkennbaren Künstlerallüren erscheinen und gleich danach eintreten sah.

„Ah, Dussek, das ist brav", begrüßte ihn der Prinz. „Mieux vaut tard que jamais. Rücken Sie ein. Hier. Und nun bitt ich, alles, was an Süßigkeiten noch da ist, in den Bereich unsres Künstlerfreundes bringen zu wollen. Sie finden noch tutti quanti, lieber Dussek. Keine Einwendungen. Aber was trinken Sie? Sie haben die Wahl. Asti, Montefiascone, Tokaier."

„Irgendeinen Ungar."

„Herben?"

Dussek lächelte.

„Törichte Frage", korrigierte sich der Prinz und fuhr in gesteigerter guter Laune fort: „Aber nun, Dussek, erzählen Sie. Theaterleute haben, die Tugend selber ausgenommen, allerlei Tugenden, und unter diesen auch *die* der Mitteilsamkeit. Sie bleiben einem auf die Frage ,was Neues' selten eine Antwort schuldig."

„Und auch heute nicht, Königliche Hoheit", antwortete Dussek, der, nachdem er genippt hatte, eben sein Bärtchen putzte.

„Nun, so lassen Sie hören. Was schwimmt obenauf?"

„Die ganze Stadt ist in Aufregung. Versteht sich, wenn ich sage, ,die ganze Stadt', so mein ich das Theater."

„Das Theater *ist* die Stadt. Sie sind also gerechtfertigt. Und nun weiter."

„Königliche Hoheit befehlen. Nun denn, wir sind in unserem Haupt und Führer empfindlich gekränkt worden und haben denn auch aus eben diesem Grunde nicht viel weniger als eine kleine Theateremeute gehabt. *Das* also, hieß es, seien die neuen Zeiten, *das* sei das bürgerliche Regiment, *das* sei der Respekt vor den preußischen ,belles lettres et beaux arts'. Eine ,Huldigung der Künste' lasse man sich gefallen, aber eine Huldigung *gegen* die Künste, die sei so fern wie je."

„Lieber Dussek", unterbrach der Prinz, „Ihre Reflexionen in Ehren. Aber, da Sie gerade von Kunst sprechen, so muß ich Sie bitten, die Kunst der Retar-

57

dierung nicht übertreiben zu wollen. Wenn es also möglich ist, Tatsachen. Um was handelt es sich?"

„Iffland ist gescheitert. Er wird den Orden, von dem die Rede war, *nicht* erhalten."

Alles lachte, Sander am herzlichsten, und Nostitz skandierte: „Parturiunt montes, nascetur ridiculus mus."

Aber Dussek war in wirklicher Erregung, und diese wuchs noch unter der Heiterkeit seiner Zuhörer. Am meisten verdroß ihn Sander. „Sie lachen, Sander. Und doch trifft es in diesem Kreise nur Sie und mich. Denn gegen wen anders ist die Spitze gerichtet, als gegen das Bürgertum überhaupt."

Der Prinz reichte dem Sprecher über den Tisch hin die Hand. „Recht, lieber Dussek. Ich liebe solch Eintreten. Erzählen Sie. Wie kam es?"

„Vor allem ganz unerwartet. Wie ein Blitz aus heitrem Himmel. Königliche Hoheit wissen, daß seit lange von einer Dekorierung die Rede war, und wir freuten uns, alles Künstlerneides vergessend, als ob wir den Orden mitempfangen und mittragen sollten. In der Tat, alles ließ sich gut an, und die ‚Weihe der Kraft‘, für deren Aufführung der Hof sich interessiert, sollte den Anstoß und zugleich die spezielle Gelegenheit geben. Iffland ist Maçon (auch das ließ uns hoffen), die Loge nahm es energisch in die Hand, und die Königin war gewonnen. Und nun *doch* gescheitert. Eine kleine Sache, werden Sie sagen; aber nein, meine Herren, es ist eine große Sache. Dergleichen ist immer der Strohhalm, an dem man sieht, woher der Wind weht. Und er weht bei uns nach wie vor von der alten Seite her. Chi va piano va sano, sagt das Sprichwort. Aber im Lande Preußen heißt es ‚pianissimo‘."

„Gescheitert, sagten Sie, Dussek. Aber gescheitert woran?"

„An dem Einfluß der Hofgeneralität. Ich habe Rüchels Namen nennen hören. Er hat den Gelehrten gespielt und darauf hingewiesen, wie niedrig das Histrionentum immer und ewig in der Welt gestanden habe, mit alleiniger Ausnahme der neronischen Zeiten. Und *die* könnten doch kein Vorbild sein. Das half. Denn welcher allerchristlichste König will Nero sein oder auch nur seinen Namen hören. Und so wissen wir denn, daß die Sache vorläufig ad acta verwiesen ist. Die Königin ist chagriniert, und an diesem Allerhöchsten Chagrin müssen wir uns vorläufig genügen lassen. Neue Zeit und alte Vorurteile."

„Lieber Kapellmeister", sagte Bülow, „ich sehe zu meinem Bedauern, daß Ihre Reflexionen Ihren Empfindungen weit voraus sind. Übrigens ist das das Allgemeine. Sie sprechen von Vorurteilen, in denen wir stecken, und stecken selber drin. Sie, samt Ihrem ganzen Bürgertum, das keinen neuen freien Gesellschaftszustand schaffen, sondern sich nur eitel und eifersüchtig in die bevorzugten alten Klassen einreihen will. Aber damit schaffen Sie's nicht. An die Stelle der Eifersüchtelei, die jetzt das Herz unsres dritten Standes verzehrt, muß eine Gleichgültigkeit gegen alle diese Kindereien treten, die sich einfach überlebt haben. Wer Gespenster wirklich ignoriert, für den gibt es keine mehr, und wer Orden ignoriert, der arbeitet an ihrer Ausrottung. Und dadurch an Ausrottung einer wahren Epidemie . . ."

„Wie Herr von Bülow umgekehrt an Errichtung eines neuen Königreichs Utopien arbeitet", unterbrach Sander. „Ich meinerseits nehme vorläufig an, daß die Krankheit, von der er spricht, in der Richtung von Osten nach Westen immer weiter wachsen, aber nicht umgekehrt in der Richtung von Westen nach Osten hin absterben wird. Im Geiste seh ich vielmehr immer neue Multiplikationen, und das Erblühen einer Ordensflora mit vierundzwanzig Klassen wie das Linnésche System."

Alle traten auf die Seite Sanders, am entschiedensten der Prinz. Es müsse durchaus etwas in der menschlichen Natur stecken, das, wie beispielsweise der Hang zu Schmuck und Putz, sich auch zu dieser Form der Quincaillerie hingezogen fühle. „Ja", so fuhr er fort, „es gibt kaum einen Grad der Klugheit, der davor schützt. Sie werden doch alle Kalkreuth für einen klugen Mann halten, ja mehr, für einen Mann, der, wie wenige, von dem ‚Alles ist eitel‘ unseres Tuns und Trachtens durchdrungen sein muß. Und doch, als er den Roten Adler erhielt, während er den Schwarzen erwartet hatte, warf er ihn wütend ins Schubfach und schrie: ‚Da liege, bis du *schwarz* wirst.‘ Eine Farbenänderung, die sich denn auch mittlerweile vollzogen hat."

„Es ist mit Kalkreuth ein eigen Ding", erwiderte Bülow, „und offen gestanden, ein anderer unserer Generäle, der gesagt haben soll: ‚Ich gäbe den Schwarzen drum, wenn ich den Roten wieder los wäre‘, gefällt mir noch besser. Übrigens bin ich minder streng, als es den Anschein hat. Es gibt auch Auszeichnungen, die *nicht* als Auszeichnung ansehen zu wollen einfach Beschränktheit oder niedrige Gesinnung wäre. Admiral Sidney Smith, berühmter Verteidiger von St. Jean d’Acre und Verächter aller Orden, legte *doch* Wert auf ein Schaustück, das ihm der Bischof von Acre mit den Worten überreicht hatte: ‚Wir empfingen dieses Schaustück aus den Händen König Richards Cœur de Lion und geben es nach sechshundert Jahren einem seiner Landsleute zurück, der, heldenmütig wie er, unsere Stadt verteidigt hat.‘ Und ein Elender und Narr, setz ich hinzu, der sich einer *solchen* Auszeichnung *nicht* zu freuen versteht."

„Schätze mich glücklich, ein solches Wort aus Ihrem Munde zu hören", erwiderte der Prinz. „Es bestärkt mich in meinen Gefühlen für Sie, lieber Bülow, und ist mir, Pardon, ein neuer Beweis, daß der Teufel nicht halb so schwarz ist, als er gemalt wird."

Der Prinz wollte weitersprechen. Als aber in eben

diesem Augenblick einer der Diener an ihn herantrat und ihm zuflüsterte, daß der Rauchtisch arrangiert und der Kaffee serviert sei, hob er die Tafel auf und führte seine Gäste, während er Bülows Arm nahm, auf den
5 an den Eßsaal angebauten Balkon. Eine große, blau und weiß gestreifte Markise, deren Ringe lustig im Winde klapperten, war schon vorher herabgelassen worden, und unter ihren weit niederhängenden Fransen hinweg sah man flußaufwärts auf die halb im Nebel
10 liegenden Türme der Stadt, flußabwärts aber auf die Charlottenburger Parkbäume, hinter deren eben ergrünendem Gezweige die Sonne niederging. Jeder blickte schweigend in das anmutige Landschaftsbild hinaus, und erst als die Dämmerung angebrochen und eine hohe
15 Sinumbralampe gebracht worden war, nahm man Platz und setzte die holländischen Pfeifen in Brand, unter denen jeder nach Gefallen wählte. Dussek allein, weil er die Musikpassion des Prinzen kannte, war phantasierend an dem im Eßsaale stehenden Flügel zurück-
20 geblieben und sah nur, wenn er den Kopf zur Seite wandte, die jetzt wieder lebhafter plaudernden Tischgenossen und ebenso die Lichtfunken, die von Zeit zu Zeit aus ihren Tonpfeifen aufflogen.

Das Gespräch hatte das Ordensthema nicht wieder
25 aufgenommen, wohl aber sich der ersten Veranlassung desselben, also Iffland und dem in Sicht stehenden neuen Schauspiele, zugewandt, bei welcher Gelegenheit Alvensleben bemerkte, „daß er einige der in den Text eingestreuten Gesangsstücke während dieser letz-
30 ten Tage kennengelernt habe. Gemeinschaftlich mit Schach. Und zwar im Salon der liebenswürdigen Frau von Carayon und ihrer Tochter Victoire. Diese habe gesungen und Schach begleitet".

„Die Carayons", nahm der Prinz das Wort. „Ich
35 höre keinen Namen jetzt öfter als *den*. Meine teure Freundin Pauline hat mir schon früher von beiden Damen erzählt, und neuerdings auch die Rahel. Alles

vereinigt sich, mich neugierig zu machen und Anknüpfungen zu suchen, die sich, mein ich, unschwer werden finden lassen. Entsinn ich mich doch des schönen Fräuleins vom Massowschen Kinderballe her, der, nach Art aller Kinderbälle, des Vorzugs genoß, eine ganz besondere Schaustellung erwachsener und voll erblühter Schönheiten zu sein. Und wenn ich sage: ‚voll erblühter‘, so sag ich wenig. In der Tat, an keinem Ort und zu keiner Zeit hab ich je so schöne Dreißigerinnen auftreten sehen als auf Kinderbällen. Es ist, als ob die Nähe der bewußt oder unbewußt auf Umsturz sinnenden Jugend alles, was heute noch herrscht, doppelt und dreifach ansporne, sein Übergewicht geltend zu machen, ein Übergewicht, das vielleicht morgen schon nicht mehr vorhanden ist. Aber gleichviel, meine Herren, es wird sich ein für allemal sagen lassen, daß Kinderbälle nur für Erwachsene da sind, und dieser interessanten Erscheinung in ihren Ursachen nachzugehen, wäre so recht eigentlich ein Thema für unsren Gentz. Ihr philosophischer Freund Buchholtz, lieber Sander, ist mir zu solchem Spiele nicht graziös genug. Übrigens nichts für ungut; er ist Ihr Freund.“

„Aber doch nicht so“, lachte Sander, „daß ich nicht jeden Augenblick bereit wäre, ihn Eurer Königlichen Hoheit zu opfern. Und wie mir bei dieser Gelegenheit gestattet sein mag, hinzuzusetzen, nicht bloß aus einem allerspeziellsten, sondern auch noch aus einem ganz allgemeinen Grunde. Denn wenn die Kinderbälle, nach Ansicht und Erfahrung Eurer Königlichen Hoheit, eigentlich am besten ohne Kinder bestehen, so die Freundschaften am besten ohne Freunde. Die Surrogate bedeuten überhaupt alles im Leben und sind recht eigentlich die letzte Weisheitsessenz.“

„Es muß sehr gut mit Ihnen stehen, lieber Sander“, entgegnete der Prinz, „daß Sie sich zu solchen Ungeheuerlichkeiten offen bekennen können. Mais revenons à notre belle Victoire. Sie war unter den jungen Da-

men, die durch lebende Bilder das Fest damals ein-
leiteten, und stellte, wenn mich mein Gedächtnis nicht
trügt, eine Hebe dar, die dem Zeus eine Schale reichte.
Ja, so war es, und indem ich davon spreche, tritt mir
5 das Bild wieder deutlich vor die Seele. Sie war kaum
fünfzehn, und von jener Taille, die jeden Augenblick
zu zerbrechen scheint. Aber sie zerbrechen nie. ‚Comme
un ange‘, sagte der alte Graf Neale, der neben mir
stand und mich durch eine Begeisterung langweilte,
10 die mir einfach als eine Karikatur der meinigen erschien. Es wäre mir eine Freude, die Bekanntschaft der
Damen erneuern zu können.“

„Eure Königliche Hoheit würden das Fräulein Victoire nicht wiedererkennen“, sagte Schach, dem der
15 Ton, in dem der Prinz sprach, wenig angenehm war.
„Gleich nach dem Massowschen Balle wurde sie von
den Blattern befallen und nur wie durch ein Wunder
gerettet. Ein gewisser Reiz der Erscheinung ist ihr freilich geblieben, aber es sind immer nur Momente, wo
20 die seltene Liebenswürdigkeit ihrer Natur einen Schön-
heitsschleier über sie wirft und den Zauber ihrer früheren Tage wiederherzustellen scheint.“

„Also restitutio in integrum“, sagte Sander.

Alles lachte.

25 „Wenn Sie so wollen, ja“, antwortete Schach in
einem spitzen Tone, während er sich ironisch gegen
Sander verbeugte.

Der Prinz bemerkte die Verstimmung und wollte sie
coupieren. „Es hilft Ihnen nichts, lieber Schach. Sie
30 sprechen, als ob Sie mich abschrecken wollten. Aber
weit gefehlt. Ich bitte Sie, was ist Schönheit? Einer der
allervagesten Begriffe. Muß ich Sie an die fünf Kate-
gorien erinnern, die wir in erster Reihe Sr. Majestät
dem Kaiser Alexander und in zweiter unsrem Freunde
35 Bülow verdanken? *Alles ist schön* und *nichts*. Ich persönlich würde der beauté du diable jederzeit den Vorzug geben, will also sagen einer Erscheinungsform, die

sich mit der des ci-devant schönen Fräuleins von Carayon einigermaßen decken würde."

„Königliche Hoheit halten zu Gnaden", entgegnete
Nostitz, „aber es bleibt mir doch zweifelhaft, ob König-
liche Hoheit die Kennzeichen der beauté du diable an 5
Fräulein Victoire wahrnehmen würden. Das Fräulein
hat einen witzig-elegischen Ton, was auf den ersten
Blick als ein Widerspruch erscheint und doch keiner ist,
unter allen Umständen aber als ihr charakteristischster
Zug gelten kann. Meinen Sie nicht auch, Alvensleben?" 10
Alvensleben bestätigte.

Der Prinz indessen, der ein Sicheinbohren in Fragen
über die Maßen liebte, fuhr, indem er sich dieser Neigung auch heute hingab, immer lebhafter werdend,
fort: „ ‚Elegisch', sagen Sie, ‚witzig-elegisch'; ich wüßte 15
nicht, was einer beauté du diable besser anstehen könnte.
Sie fassen den Begriff offenbar zu eng, meine Herren.
Alles, was Ihnen dabei vorschwebt, ist nur eine Spielart
der alleralltäglichsten Schönheitsform, der beauté coquette: das Näschen ein wenig mehr gestupst, der Teint 20
ein wenig dunkler, das Temperament ein wenig rascher,
die Manieren ein wenig kühner und rücksichtsloser.
Aber damit erschöpfen Sie die höhere Form der beauté
du diable keineswegs. Diese hat etwas Weltumfassen-
des, das über eine bloße Teint- und Rassenfrage weit 25
hinausgeht. Ganz wie die katholische Kirche. Diese
wie jene sind auf ein Innerliches gestellt, und das Inner-
liche, das in *unserer* Frage den Ausschlag gibt, heißt
Energie, Feuer, Leidenschaft."

Nostitz und Sander lächelten und nickten. 30

„Ja, meine Herren, ich gehe weiter und wiederhole:
‚was ist Schönheit?' Schönheit, bah! Es kann nicht nur
auf die gewöhnlichen Schönheitsformen verzichtet werden, ihr Fehlen kann sogar einen allerdirektesten Vorzug bedeuten. In der Tat, lieber Schach, ich habe wun- 35
derbare Niederlagen und noch wunderbarere Siege
gesehen. Es ist auch in der Liebe wie bei Morgarten und

Sempach, die schönen Ritter werden geschlagen, und die häßlichen Bauern triumphieren. Glauben Sie mir, das Herz entscheidet, *nur* das Herz. Wer liebt, wer die Kraft der Liebe hat, ist auch liebenswürdig, und es 5 wäre grausam, wenn es anders wäre. Gehen Sie die Reihe der eigenen Erfahrungen durch. Was ist alltäglicher, als eine schöne Frau durch eine nicht schöne Geliebte verdrängt zu sehen! Und nicht etwa nach dem Satze toujours perdrix. O nein, es hat dies viel tiefere 10 Zusammenhänge. Das Langweiligste von der Welt ist die lymphatisch-phlegmatische beauté, die beauté par excellence. Sie kränkelt hier, sie kränkelt da, ich will nicht sagen immer und notwendig, aber doch in der Mehrzahl der Fälle, während meine beauté du diable 15 die Trägerin einer allervollkommensten Gesundheit ist, jener Gesundheit, die zuletzt alles bedeutet und gleichwertig ist mit höchstem Reiz. Und nun frag ich Sie, meine Herren, wer hätte mehr davon als *die* Natur, die durch die größten und gewaltigsten Läuterungsprozesse 20 wie durch ein Fegefeuer gegangen ist? Ein paar Grübchen in der Wange sind das Reizendste von der Welt, das hat schon bei den Römern und Griechen gegolten, und ich bin nicht ungalant und unlogisch genug, um einer Grübchen-Vielheit einen Respekt und eine Hul- 25 digung zu versagen, die der Einheit oder dem Pärchen von alters her gebührt. Das paradoxe ‚le laid c'est le beau' hat seine vollkommene Berechtigung, und es heißt nichts anderes, als daß sich hinter dem anscheinend Häßlichen eine höhere Form der Schönheit verbirgt. 30 Wäre meine Pauline hier, wie sie's leider *nicht* ist, sie würde mir zustimmen, offen und nachdrücklich, ohne durch persönliche Schicksale kaptiviert zu sein."

Der Prinz schwieg. Es war ersichtlich, daß er auf einen allseitigen Ausdruck des Bedauerns wartete, Frau 35 Pauline, die gelegentlich die Honneurs des Hauses machte, heute *nicht* anwesend zu sehen. Als aber niemand das Schweigen brach, fuhr er fort: „Es fehlen uns die Frauen, und damit dem Wein und unsrem Leben der Schaum. Ich nehme meinen Wunsch wieder auf und wiederhole, daß es mich glücklich machen würde, die Carayonschen Damen in dem Salon meiner Freundin empfangen zu dürfen. Ich zähle darauf, daß diejenigen Herren, die dem Kreise der Frau von Carayon angehören, sich zum Interpreten meiner Wünsche machen. Sie, Schach, oder auch Sie, lieber Alvensleben."

Beide verneigten sich.

„Alles in allem wird es das beste sein, meine Freundin Pauline nimmt es persönlich in die Hand. Ich denke, sie wird den Carayonschen Damen einen ersten Besuch machen, und ich sehe Stunden eines angeregtesten geistigen Austausches entgegen."

Die peinliche Stille, womit auch diese Schlußworte hingenommen wurden, würde noch fühlbarer gewesen sein, wenn nicht Dussek in ebendiesem Moment auf den Balkon hinausgetreten wäre. „Wie schön", rief er und wies mit der Hand auf den westlichen, bis hoch hinauf in einem glühgelben Lichte stehenden Horizont.

Alle waren mit ihm an die Brüstung des Balkons getreten und sahen flußabwärts in den Abendhimmel hinein. Vor dem gelben Lichtstreifen standen schwarz und schweigend die hohen Pappeln, und selbst die Schloßkuppel wirkte nur noch als Schattenriß.

Einen jeden der Gäste berührte diese Schönheit. Am schönsten aber war der Anblick zahlloser Schwäne, die, während man in den Abendhimmel sah, vom Charlottenburger Park her in langer Reihe herankamen. Andere lagen schon in Front. Es war ersichtlich, daß die ganze Flottille durch irgendwas bis in die Nähe der Villa gelockt sein mußte, denn sobald sie die Höhe derselben erreicht hatte, schwenkten sie wie militärisch ein und verlängerten die Front derer, die hier schon still und regungslos und die Schnäbel unter dem Gefieder verborgen wie vor Anker lagen. Nur das Rohr bewegte sich leise in ihrem Rücken. So verging eine geraume Zeit. Endlich aber erschien einer in unmittelbarer Nähe des Balkons und reckte den Hals, als ob er etwas sagen wollte.

5 „Wem gilt es?" fragte Sander. „Dem Prinzen oder Dussek oder der Sinumbralampe?"

„Natürlich dem Prinzen", antwortete Dussek.

„Und warum?"

„Weil er nicht bloß Prinz ist, sondern auch Dussek
10 und ‚sine umbra‘."

Alles lachte (der Prinz mit), während Sander allerförmlichst „zum Hofkapellmeister" gratulierte. „Und wenn unser Freund", so schloß er, „in Zukunft wieder Strohhalme sammelt, um an ihnen zu sehen, ‚woher
15 der Wind weht‘, so wird der Wind ihm allemal aus dem Lande geheiligter Traditionen und nicht mehr aus dem Lande der Vorurteile zu kommen scheinen."

Als Sander noch so sprach, setzte sich die Schwanenflottille, die wohl durch die Dusseksche Musik herbei
20 gelockt sein mußte, wieder in Bewegung und segelte flußabwärts, wie sie bis dahin flußaufwärts gekommen war. Nur der Schwan, der den Obmann gemacht, erschien noch einmal, als ob er seinen Dank wiederholen und sich in zeremoniellster Weise verabschieden wolle.
25 Dann aber nahm auch *er* die Mitte der Flusses und folgte den übrigen, deren Tete schon unter dem Schatten der Parkbäume verschwunden war.

VIII

Schach und Victoire

30 Es war kurz nach diesem Diner beim Prinzen, daß in Berlin bekannt wurde, der König werde noch vor Schluß der Woche von Potsdam herüberkommen, um

auf dem Tempelhofer Felde eine große Revue zu halten. Die Nachricht davon weckte diesmal ein mehr als gewöhnliches Interesse, weil die gesamte Bevölkerung nicht nur dem Frieden mißtraute, den Haugwitz mit heimgebracht hatte, sondern auch mehr und mehr der Überzeugung lebte, daß im letzten immer nur unsere eigene Kraft auch unsere Sicherheit, beziehungsweise unsere Rettung sein werde. Welch andere Kraft aber hatten wir als die Armee, die Armee, die, was Erscheinung und Schulung anging, immer noch die fridericianische war.

In solcher Stimmung sah man dem Revuetage, der ein Sonnabend war, entgegen.

Das Bild, das die Stadt vom frühen Morgen an darbot, entsprach der Aufregung, die herrschte. Tausende strömten hinaus und bedeckten vom Halleschen Tore an die bergansteigende Straße, zu deren beiden Seiten sich die „Knapphänse", diese bekannten Zivilmarketender, mit ihren Körben und Flaschen etabliert hatten. Bald danach erschienen auch die Equipagen der vornehmen Welt, unter diesen *die* Schachs, die für den heutigen Tag den Carayonschen Damen zur Disposition gestellt worden war. Im selben Wagen mit ihnen befand sich ein alter Herr von der Recke, früher Offizier, der, als naher Anverwandter Schachs, die Honneurs und zugleich den militärischen Interpreten machte. Frau von Carayon trug ein stahlgraues Seidenkleid und eine Mantille von gleicher Farbe, während von Victoirens breitrandigem Italienerhut ein blauer Schleier im Winde flatterte. Neben dem Kutscher saß der Groom und erfreute sich der Huld beider Damen, ganz besonders auch der ziemlich willkürlich akzentuierten englischen Worte, die Victoire von Zeit zu Zeit an ihn richtete.

Für elf Uhr war das Eintreffen des Königs angemeldet worden, aber lange vorher schon erschienen die zur Revue befohlenen, altberühmten Infanterieregi-

menter Alt-Larisch, von Arnim und Möllendorff, ihre Janitscharenmusik vorauf. Ihnen folgte die Kavallerie: Garde du Corps, Gensdarmes und Leibhusaren, bis ganz zuletzt in einer immer dicker werdenden Staub-
5 wolke die Sechs- und Zwölfpfünder heranrasselten und klapperten, die zum Teil schon bei Prag und Leuthen und neuerdings wieder bei Valmy und Pirmasens ge-donnert hatten. Enthusiastischer Jubel begleitete den Anmarsch, und wahrlich, wer sie so heranziehen sah,
10 dem mußte das Herz in patriotisch stolzer Erregung höher schlagen. Auch die Carayons teilten das allge-meine Gefühl und nahmen es als bloße Verstimmung oder Altersängstlichkeit, als der alte Herr von der Recke sich vorbog und mit bewegter Stimme sagte:
15 „Prägen wir uns den Anblick ein, meine Damen. Denn, glauben Sie der Vorahnung eines alten Mannes, wir werden diese Pracht nicht wiedersehen. Es ist die Ab-schiedsrevue der fridericianischen Armee."

20 Victoire hatte sich auf dem Tempelhofer Felde leicht erkältet und blieb in ihrer Wohnung zurück, als die Mama gegen Abend ins Schauspiel fuhr, ein Vergnügen, das sie jederzeit geliebt hatte, zu keiner Zeit aber mehr als damals, wo sich zu der künstlerischen Anregung auch
25 noch etwas von wohltuender politischer Emotion gesellte. Wallenstein, die Jungfrau, Tell erschienen gelegentlich, am häufigsten aber Holbergs „Politischer Zinngießer", der, wie Publikum und Direktion gemeinschaftlich füh-len mochten, um ein Erhebliches besser als die Schiller-
30 sche Muse zu lärmenden Demonstrationen geeignet war.

Victoire war allein. Ihr tat die Ruhe wohl, und in einen türkischen Schal gehüllt, lag sie träumend auf dem Sofa, vor ihr ein Brief, den sie kurz vor ihrer Vor-mittagsausfahrt empfangen und in jenem Augenblicke
35 nur flüchtig gelesen hatte. Desto langsamer und auf-merksamer freilich, als sie von der Revue wieder zu-rückgekommen war.

Es war ein Brief von Lisette.

Sie nahm ihn auch jetzt wieder zur Hand und las eine Stelle, die sie schon vorher mit einem Bleistiftstrich bezeichnet hatte: „... Du mußt wissen, meine liebe Victoire, daß ich, Pardon für dies offene Geständnis, mancher Äußerung in Deinem letzten Briefe keinen vollen Glauben schenke. Du suchst Dich und mich zu täuschen, wenn Du schreibst, daß Du Dich in ein Respektsverhältnis zu S. hineindenkst. Er würde selber lächeln, wenn er davon hörte. Daß Du Dich plötzlich so verletzt fühlen, ja, verzeihe, so pikiert werden konntest, als er den Arm Deiner Mama nahm, verrät Dich, und gibt mir allerlei zu denken, wie denn auch andres noch, was Du speziell in dieser Veranlassung schreibst. Ich lerne Dich plötzlich von einer Seite kennen, von der ich Dich noch nicht kannte, von der argwöhnischen nämlich. Und nun, meine teure Victoire, habe ein freundliches Ohr für das, was ich Dir in bezug auf diesen wichtigen Punkt zu sagen habe. Bin ich doch die ältere. Du darfst Dich ein für allemal nicht in ein Mißtrauen gegen Personen hineinleben, die durchaus den entgegengesetzten Anspruch erheben dürfen. Und zu diesen Personen, mein ich, gehört Schach. Ich finde, je mehr ich den Fall überlege, daß Du ganz einfach vor einer Alternative stehst und entweder Deine gute Meinung über S. oder aber Dein Mißtrauen *gegen* ihn fallen lassen mußt. Er sei Kavalier, schreibst Du mir, ,ja, das Ritterliche', fügst Du hinzu, ,sei so recht eigentlich seine Natur', und im selben Augenblicke, wo Du dies schreibst, bezichtigt ihn Dein Argwohn einer Handelsweise, die, träfe sie zu, das Unritterlichste von der Welt sein würde. Solche Widersprüche gibt es nicht. Man ist entweder ein Mann von Ehre, oder man ist es nicht. Im übrigen, meine teure Victoire, sei gutes Mutes und halte Dich ein für allemal versichert, *Dir lügt der Spiegel.* Es ist nur *eines*, um dessentwillen wir Frauen leben, wir leben, um uns ein

Herz zu gewinnen, aber *wodurch* wir es gewinnen, ist gleichgültig."

Victoire faltete das Blatt wieder zusammen. „Es rät und tröstet sich leicht aus einem vollen Besitz heraus; sie hat alles, und nun ist sie großmütig. Arme Worte, die von des Reichen Tische fallen."

Und sie bedeckte beide Augen mit ihren Händen.

In diesem Augenblick hörte sie die Klingel gehen, und gleich danach ein zweites Mal, ohne daß jemand von der Dienerschaft gekommen wäre. Hatten es Beate und der alte Jannasch überhört? Oder waren sie fort? Eine Neugier überkam sie. Sie ging also leise bis an die Tür und sah auf den Vorflur hinaus. Es war Schach. Einen Augenblick schwankte sie, was zu tun sei, dann aber öffnete sie die Glastür und bat ihn, einzutreten.

„Sie klingelten so leise. Beate wird es überhört haben."

„Ich komme nur, um nach dem Befinden der Damen zu fragen. Es war ein prächtiges Paradewetter, kühl und sonnig, aber der Wind ging doch ziemlich scharf ..."

„Und Sie sehen mich unter seinen Opfern. Ich fiebre, nicht gerade heftig, aber wenigstens *so,* daß ich das Theater aufgeben mußte. Der Schal (in den ich bitte mich wieder einwickeln zu dürfen) und diese Tisane, von der Beate wahre Wunder erwartet, werden mir wahrscheinlich zuträglicher sein als Wallensteins Tod. Mama wollte mir anfänglich Gesellschaft leisten. Aber Sie kennen ihre Passion für alles, was Schauspiel heißt, und so hab ich sie fortgeschickt. Freilich auch aus Selbstsucht; denn daß ich es gestehe, mich verlangte nach Ruhe."

„Die nun mein Erscheinen *doch* wiederum stört. Aber nicht auf lange, nur gerade lange genug, um mich eines Auftrags zu entledigen, einer Anfrage, mit der ich übrigens leicht möglicherweise zu spät komme, wenn Alvensleben schon gesprochen haben sollte."

„Was ich nicht glaube, vorausgesetzt, daß es nicht

Dinge sind, die Mama für gut befunden hat, selbst vor mir als Geheimnis zu behandeln."

„Ein sehr unwahrscheinlicher Fall. Denn es ist ein Auftrag, der sich an Mutter *und* Tochter gleichzeitig richtet. Wir hatten ein Diner beim Prinzen, cercle intime, zuletzt natürlich auch Dussek. Er sprach vom Theater (von was anderem sollt er?) und brachte sogar Bülow zum Schweigen, was vielleicht eine Tat war."

„Aber Sie medisieren ja, lieber Schach."

„Ich verkehre lange genug im Salon der Frau von Carayon, um wenigstens in den Elementen dieser Kunst unterrichtet zu sein."

„Immer schlimmer, immer größere Ketzereien. Ich werde Sie vor das Großinquisitoriat der Mama bringen. Und wenigstens der Tortur einer Sittenpredigt sollen Sie nicht entgehen."

„Ich wüßte keine liebere Strafe."

„Sie nehmen es zu leicht . . . Aber nun der Prinz . . ."

„Er will Sie sehen, *beide*, Mutter und Tochter. Frau Pauline, die, wie Sie vielleicht wissen, den Zirkel des Prinzen macht, soll Ihnen eine Einladung überbringen."

„Der zu gehorchen Mutter und Tochter sich zu besonderer Ehre rechnen werden."

„Was mich nicht wenig überrascht. Und Sie können, meine teure Victoire, dies kaum im Ernst gesprochen haben. Der Prinz ist mir ein gnädiger Herr, und ich lieb ihn de tout mon cœur. Es bedarf keiner Worte darüber. Aber er ist ein Licht mit einem reichlichen Schatten, oder, wenn Sie mir den Vergleich gestatten wollen, ein Licht, das mit einem Räuber brennt. Alles in allem, er hat den zweifelhaften Vorzug so vieler Fürstlichkeiten, in Kriegs- und in Liebesabenteuern gleich hervorragend zu sein, oder es noch runder herauszusagen, er ist abwechselnd ein Helden- und ein Debauchenprinz. Dabei grundsatzlos und rücksichtslos, sogar ohne Rücksicht auf den Schein. Was vielleicht das Allerschlimmste ist. Sie kennen seine Beziehungen zu Frau Pauline?“

„Ja.“

„Und . . .“

„Ich billige sie nicht. Aber sie nicht billigen, ist etwas anderes, als sie verurteilen. Mama hat mich gelehrt, mich über derlei Dinge nicht zu kümmern und zu grämen. Und hat sie nicht recht? Ich frage Sie, lieber Schach, was würd’ aus uns, ganz speziell aus uns zwei Frauen, wenn wir uns innerhalb unserer Umgangs- und Gesellschaftssphäre zu Sittenrichtern aufwerfen und Männlein und Weiblein auf die Korrektheit ihres Wandelns hin prüfen wollten? Etwa durch eine Wasser- und Feuerprobe. Die Gesellschaft ist souverän. Was sie gelten läßt, gilt, was sie verwirft, ist verwerflich. Außerdem liegt hier alles exzeptionell. Der Prinz ist ein Prinz, Frau von Carayon ist eine Witwe, und ich . . . bin ich.“

„Und bei diesem Entscheide soll es bleiben, Victoire?“

„Ja. Die Götter balancieren. Und wie mir Lisette Perbandt eben schreibt: ‚wem genommen wird, dem wird auch gegeben‘. In meinem Falle liegt der Tausch etwas schmerzlich, und ich wünschte wohl, ihn nicht gemacht zu haben. Aber andrerseits geh ich nicht blind an dem eingetauschten Guten vorüber und freue mich meiner Freiheit. Wovor andre meines Alters und Geschlechts erschrecken, das darf ich. An dem Abende bei Massows, wo man mir zuerst huldigte, war ich, ohne mir dessen bewußt zu sein, eine Sklavin. Oder doch abhängig von hundert Dingen. Jetzt bin ich frei.“

Schach sah verwundert auf die Sprecherin. Manches, was der Prinz über sie gesagt hatte, ging ihm durch den Kopf. Waren das Überzeugungen oder Einfälle? War es Fieber? Ihre Wangen hatten sich gerötet, und ein aufblitzendes Feuer in ihrem Auge traf ihn mit dem Ausdruck einer trotzigen Entschlossenheit. Er versuchte jedoch, sich in den leichten Ton, in dem ihr Gespräch begonnen hatte, zurückzufinden, und sagte: „Meine teure Victoire scherzt. Ich möchte wetten, es ist ein Band Rousseau, was da vor ihr liegt, und ihre Phantasie geht mit dem Dichter."

„Nein, es ist nicht Rousseau. Es ist ein anderer, der mich *mehr* interessiert."

„Und *wer*, wenn ich neugierig sein darf?"

„Mirabeau."

„Und warum *mehr*?"

„Weil er mir nähersteht. Und das Allerpersönlichste bestimmt immer unser Urteil. Oder doch fast immer. Er ist mein Gefährte, mein spezieller Leidensgenoß. Unter Schmeicheleien wuchs er auf. ‚Ah, das schöne Kind‘, hieß es tagein, tagaus. Und dann eines Tags war alles hin, hin wie ... wie ..."

„Nein, Victoire, Sie sollen das Wort nicht aussprechen."

„Ich *will* es aber, und würde den Namen meines Gefährten und Leidensgenossen zu meinem *eigenen* machen, wenn ich es könnte. Victoire *Mirabeau* de Carayon, oder sagen wir Mirabelle de Carayon, das klingt schön und ungezwungen, und wenn ich's recht übersetze, so heißt es Wunderhold."

Und dabei lachte sie voll Übermut und Bitterkeit. Aber die Bitterkeit klang vor.

„Sie dürfen *so* nicht lachen, Victoire, nicht so. Das kleidet Ihnen nicht, das verhäßlicht Sie. Ja, werfen Sie nur die Lippen – *verhäßlicht* Sie. Der Prinz hatte doch recht, als er enthusiastisch von Ihnen sprach. Armes Gesetz der Form und der Farbe. Was allein gilt, ist das ewig Eine, daß sich die Seele den Körper schafft oder ihn durchleuchtet und verklärt."

Victoirens Lippen flogen, ihre Sicherheit verließ sie, und ein Frost schüttelte sie. Sie zog den Schal höher hinauf, und Schach nahm ihre Hand, die eiskalt war, denn alles Blut drängte nach ihrem Herzen.

„Victoire, Sie tun sich unrecht; Sie wüten nutzlos gegen sich selbst und sind um nichts besser als der Schwarzseher, der nach allem Trüben sucht und an Gottes hellem Sonnenlicht vorübersieht. Ich beschwöre Sie, fassen Sie sich und glauben Sie wieder an Ihr Anrecht auf Leben und Liebe. War ich denn blind? In dem bitteren Wort, in dem Sie sich demütigen wollten, in eben diesem Worte haben Sie's getroffen, ein für allemal. Alles ist Märchen und Wunder an Ihnen; ja Mirabelle, ja Wunderhold!"

Ach, das waren die Worte, nach denen ihr Herz gebangt hatte, während es sich in Trotz zu wappnen suchte.

Und nun hörte sie sie willenlos und schwieg in einer süßen Betäubung.

Die Zimmeruhr schlug neun, und die Turmuhr draußen antwortete. Victoire, die den Schlägen gefolgt war, strich das Haar zurück und trat ans Fenster und sah auf die Straße.

„Was erregt dich?"

„Ich meinte, daß ich den Wagen gehört hätte."

„Du hörst zu fein."

Aber sie schüttelte den Kopf, und im selben Augenblicke fuhr der Wagen der Frau von Carayon vor.

„Verlassen Sie mich ... Bitte."

„Bis auf morgen."

Und ohne zu wissen, ob es ihm glücken werde, der Begegnung mit Frau von Carayon auszuweichen, empfahl er sich rasch und huschte durch Vorzimmer und Korridor.

Alles war still und dunkel unten, und nur von der Mitte des Hausflurs her fiel ein Lichtschimmer bis in die Nähe der obersten Stufen. Aber das Glück war ihm hold. Ein breiter Pfeiler, der bis dicht an die Treppenbrüstung vorsprang, teilte den schmalen Vorflur in zwei Hälften, und hinter diesen Pfeiler trat er und wartete.

Victoire stand in der Glastür und empfing die Mama.

„Du kommst so früh. Ach, und wie hab ich dich erwartet!"

Schach hörte jedes Wort. „Erst die Schuld und dann die Lüge", klang es in ihm. „Das alte Lied."

Aber die Spitze seiner Worte richtete sich gegen ihn und nicht gegen Victoire.

Dann trat er aus seinem Versteck hervor und schritt rasch und geräuschlos die Treppe hinunter.

IX

Schach zieht sich zurück

„Bis auf morgen", war Schachs Abschiedswort gewesen, aber er kam nicht. Auch am zweiten und dritten Tage nicht. Victoire suchte sich's zurechtzulegen, und wenn es nicht glücken wollte, nahm sie Lisettens Brief und las immer wieder die Stelle, die sie längst auswendig wußte. „Du darfst Dich, ein für allemal, nicht in ein Mißtrauen gegen Personen hineinleben, die durchaus den entgegengesetzten Anspruch erheben dürfen. Und zu diesen Personen, mein ich, gehört Schach. Ich finde, je mehr ich den Fall überlege, daß Du ganz einfach vor einer Alternative stehst, und entweder Deine gute Meinung über S. oder aber Dein Mißtrauen gegen ihn fallen lassen mußt." Ja, Lisette hatte recht, und doch blieb ihr eine Furcht im Gemüte. „Wenn doch alles nur . . ." Und es übergoß sie mit Blut.

Endlich am vierten Tage kam er. Aber es traf sich, daß sie kurz vorher in die Stadt gegangen war. Als sie zurückkehrte, hörte sie von seinem Besuch; er sei sehr liebenswürdig gewesen, habe zwei-, dreimal nach ihr gefragt und ein Bukett für sie zurückgelassen. Es waren Veilchen und Rosen, die das Zimmer mit ihrem Dufte füllten. Victoire, während ihr die Mama von dem Besuche vorplauderte, bemühte sich, einen leichten und übermütigen Ton anzuschlagen, aber ihr Herz war zu voll von widerstreitenden Gefühlen, und sie zog sich zurück, um sich in zugleich glücklichen und bangen Tränen auszuweinen.

Inzwischen war der Tag herangekommen, wo die „Weihe der Kraft" gegeben werden sollte. Schach schickte seinen Diener und ließ anfragen, ob die Damen der Vorstellung beizuwohnen gedächten? Es war eine bloße Form, denn er wußte, daß es so sein werde.

Im Theater waren alle Plätze besetzt. Schach saß den Carayons gegenüber und grüßte mit großer Artigkeit. Aber bei diesem Gruße blieb es, und er kam nicht in ihre Loge hinüber, eine Zurückhaltung, über die Frau von Carayon kaum weniger betroffen war als Victoire. Der Streit indessen, den das hinsichtlich des Stücks in zwei Lager geteilte Publikum führte, war so heftig und aufregend, daß beide Damen ebenfalls mit hingerissen wurden und momentan wenigstens alles Persönliche vergaßen. Erst auf dem Heimweg kehrte die Verwunderung über Schachs Benehmen zurück.

Am andern Vormittage ließ er sich melden. Frau von Carayon war erfreut, Victoire jedoch, die schärfer sah, empfand ein tiefes Unbehagen. Er hatte ganz ersichtlich diesen Tag abgewartet, um einen bequemen Plauderstoff zu haben und mit Hilfe desselben über die Peinlichkeit eines ersten Wiedersehens mit ihr leichter hinwegzukommen. Er küßte der Frau von Carayon die Hand und wandte sich dann gegen Victoiren, um dieser sein Bedauern auszusprechen, sie bei seinem letzten Besuche verfehlt zu haben. Man entfremde sich fast, anstatt sich fester anzugehören. Er sprach dies so, daß ihr ein Zweifel blieb, ob er es mit tieferer Bedeutung oder aus bloßer Verlegenheit gesagt habe. Sie sann darüber nach, aber ehe sie zum Abschluß kommen konnte, wandte sich das Gespräch dem Stücke zu.

„Wie finden Sie's?' fragte Frau von Carayon.

„Ich liebe nicht Komödien", antwortete Schach, „die fünf Stunden spielen. Ich wünsche Vergnügen oder Erholung im Theater, aber keine Strapaze."

„Zugestanden. Aber dies ist etwas Äußerliches und beiläufig ein Mißstand, dem ehestens abgeholfen sein wird. Iffland selbst ist mit erheblichen Kürzungen einverstanden. Ich will Ihr Urteil über das Stück."

„Es hat mich *nicht* befriedigt."

„Und warum nicht?"

„Weil es alles auf den Kopf stellt. *Solchen* Luther hat es Gott sei Dank nie gegeben, und wenn ein solcher je käme, so würd' er uns einfach dahin zurückführen, von wo der echte Luther uns seinerzeit wegführte. Jede Zeile widerstreitet dem Geist und Jahrhundert der Reformation; alles ist Jesuitismus oder Mystizismus und treibt ein unerlaubtes und beinah kindisches Spiel mit Wahrheit und Geschichte. Nichts paßt. Ich wurde beständig an das Bild Albrecht Dürers erinnert, wo Pilatus mit Pistolenhalftern reitet, oder an ein ebenso bekanntes Altarblatt in Soest, wo statt des Osterlamms ein westfälischer Schinken in der Schüssel liegt. In diesem seinwollenden Lutherstück aber liegt ein allerpfäffischster Pfaff in der Schüssel. Es ist ein Anachronismus von Anfang bis Ende."

„Gut. Das ist Luther. Aber, ich wiederhole, das *Stück?"*

„Luther ist das Stück. Das andre bedeutet nichts. Oder soll ich mich für Katharina von Bora begeistern, für eine Nonne, die schließlich keine war?"

Victoire senkte den Blick, und ihre Hand zitterte. Schach sah es, und über seinen Fauxpas erschreckend, sprach er jetzt hastig und in sich überstürzender Weise von einer Parodie, die vorbereitet werde, von einem angekündigten Proteste der lutherischen Geistlichkeit, vom Hofe, von Iffland, vom Dichter selbst, und schloß endlich mit einer übertriebenen Lobpreisung der eingelegten Lieder und Kompositionen. Er hoffe, daß Fräulein Victoire noch den Abend in Erinnerung habe, wo er diese Lieder am Klavier begleiten durfte.

All dies wurde sehr freundlich gesprochen, aber so freundlich es klang, so fremd klang es auch, und Victoire hörte mit feinem Ohr heraus, daß es nicht *die* Sprache war, die sie fordern durfte. Sie war bemüht, ihm unbefangen zu antworten, aber es blieb ein äußerliches Gespräch, bis er ging.

Den Tag nach diesem Besuche kam Tante Marguerite. Sie hatte bei Hofe von dem schönen Stücke gehört, „das so schön sei, wie noch gar keins", und so wollte sie's gerne sehen. Frau von Carayon war ihr zu Willen, nahm sie mit in die zweite Vorstellung, und da wirklich sehr gekürzt worden war, blieb auch noch Zeit, daheim eine halbe Stunde zu plaudern.

„Nun, Tante Marguerite", fragte Victoire, „wie hat es dir gefallen?"

„Gut, liebe Victoire. Denn es berührt doch den Hauptpunkt in unserer gereinigten Kirche."

„Welchen meinst du, liebe Tante?"

„Nun *den* von der chrüstlichen Ehe."

Victoire zwang sich, ernsthaft zu bleiben, und sagte dann: „Ich dachte, dieser Hauptpunkt in unserer Kirche läge doch noch in etwas anderem, also zum Beispiel in der Lehre vom Abendmahl."

„O nein, meine liebe Victoire, *das* weiß ich ganz genau. Mit oder ohne Wein, das macht keinen so großen Unterschied; aber ob unsere prédicateurs in einer sittlich getrauten Ehe leben oder nicht, *das,* mein Engelchen, ist von einer würklichen importance."

„Und ich finde, Tante Marguerite hat ganz recht", sagte Frau von Carayon.

„Und das ist es auch", fuhr die gegen alles Erwarten Belobigte fort, „was das Stück *will,* und was man um so deutlicher sieht, als die Bethmann würklich eine sehr hübsche Frau ist. Oder doch zum wenigsten viel hübscher, als sie würklich war. Ich meine die Nonne. Was aber nichts schadet, denn er war ja auch kein hübscher Mann und lange nicht so hübsch als er. Ja, werde nur rot, meine liebe Victoire, so viel weiß ich auch."

Frau von Carayon lachte herzlich.

„Und das muß wahr sein, unser Herr Rittmeister von Schach ist würklich ein *sehr* angenehmer Mann, und ich denke noch ümmer an Tempelhof und den auf- rechtstehenden Ritter ... Und wißt ihr denn, in Wül- mersdorf soll auch einer sein, und auch ebenso weg- geschubbert. Und von wem ich es habe? Nun? Von la petite princesse Charlotte."

X

„Es muß etwas geschehn"

Die „Weihe der Kraft" wurde nach wie vor gegeben, und Berlin hörte nicht auf, in zwei Lager geteilt zu sein. Alles, was mystisch-romantisch war, war *für,* alles, was freisinnig war, *gegen* das Stück. Selbst im Hause Carayon setzte sich diese Fehde fort, und wäh- rend die Mama teils um des Hofes, teils um ihrer eig- nen „Gefühle" willen überschwenglich mitschwärmte, fühlte sich Victoire von diesen Sentimentalitäten abge- stoßen. Sie fand alles unwahr und unecht und versicherte, daß Schach in jedem seiner Worte recht gehabt habe.

Dieser kam jetzt von Zeit zu Zeit, aber doch immer nur, wenn er sicher sein durfte, Victoiren in Gesell- schaft der Mutter zu treffen. Er bewegte sich wieder viel in den „großen Häusern" und legte, wie Nostitz spottete, den Radziwills und Carolaths zu, was er den Carayons entzog. Auch Alvensleben scherzte darüber, und selbst Victoire versuchte, den gleichen Ton zu treffen. Aber ohne daß es ihr glücken wollte. Sie träumte so hin, und nur eigentlich traurig war sie nicht. Noch weniger unglücklich.

Unter denen, die sich mit dem Stück, also mit der Tagesfrage, beschäftigten, waren auch die Offiziere vom Regiment Gensdarmes, obschon ihnen nicht einfiel, sich ernsthaft auf ein *Für* oder *Wider* einzulassen. Sie sahen alles ausschließlich auf seine komische Seite hin an und fanden in der Auflösung eines Nonnenklosters, in Katharina von Boras „neunjähriger Pflegetochter", und endlich in dem beständig flötespielenden Luther einen unerschöpflichen Stoff für ihren Spott und Übermut.

Ihr Lieblingsversammlungsort in jenen Tagen war die Wachtstube des Regiments, wo die jüngeren Kameraden den diensttuenden Offizier zu besuchen und sich bis in die Nacht hinein zu divertieren pflegten. Unter den Gesprächen, die man in Veranlassung der neuen Komödie hier führte, kamen Spöttereien, wie die vorgenannten, kaum noch von der Tagesordnung, und als einer der Kameraden daran erinnerte, daß das neuerdings von seiner früheren Höhe herabgestiegene Regiment eine Art patriotische Pflicht habe, sich mal wieder „als es selbst" zu zeigen, brach ein ungeheurer Jubel aus, an dessen Schluß alle einig waren, „daß etwas geschehen müsse". Daß es sich dabei lediglich um eine Travestie der „Weihe der Kraft", etwa durch eine Maskerade, handeln könne, stand von vornherein fest, und nur über das „wie" gingen die Meinungen noch auseinander. Infolge davon beschloß man, ein paar Tage später eine *neue* Zusammenkunft abzuhalten, in der nach Anhörung einiger Vorschläge der eigentliche Plan fixiert werden sollte.

Rasch hatte sich's herumgesprochen, und als Tag und Stunde da waren, waren einige zwanzig Kameraden in dem vorerwähnten Lokal erschienen: Itzenplitz, Jürgaß und Britzke, Billerbeck und Diricke, Graf Haeseler, Graf Herzberg, von Rochow, von Putlitz, ein Kracht, ein Klitzing, und nicht zum letzten ein schon älterer Leutnant von Zieten, ein kleines, häßliches und säbelbeiniges Kerlchen, das durch entfernte Vetterschaft mit dem berühmten General und beinahe mehr noch durch eine keck in die Welt hineinkrähende Stimme zu balancieren wußte, was ihm an sonstigen Tugenden abging. Auch Nostitz und Alvensleben waren erschienen. Schach fehlte.

„Wer präsidiert?" fragte Klitzing.

„Nur zwei Möglichkeiten", antwortete Diricke. „Der Längste oder der Kürzeste. Will also sagen, Nostitz oder Zieten."

„Nostitz, Nostitz", riefen alle durcheinander, und der so durch Akklamation Gewählte nahm auf einem ausgebuchteten Gartenstuhle Platz. Flaschen und Gläser standen die lange Tafel entlang.

„Rede halten: Assemblée nationale . . ."

Nostitz ließ den Lärm eine Weile dauern und klopfte dann erst mit dem ihm als Zeichen seiner Würde zur Seite liegenden Pallasch auf den Tisch.

„Silentium, Silentium."

„Kameraden vom Regiment Gensdarmes, Erben eines alten Ruhmes auf dem Felde militärischer und gesellschaftlicher Ehre (denn wir haben nicht nur der Schlacht die Richtung, wir haben auch der Gesellschaft den *Ton* gegeben), Kameraden, sag ich, wir sind schlüssig geworden: *es muß etwas geschehn!*"

„Ja, ja. Es muß etwas geschehn."

„Und neu geweiht durch die ‚Weihe der Kraft‘, haben wir, dem alten Luther und uns selber zuliebe, beschlossen, einen Aufzug zu bewerkstelligen, von dem die spätesten Geschlechter noch melden sollen. Es muß etwas Großes werden! Erinnern wir uns, wer nicht vorschreitet, der schreitet zurück. Ein Aufzug also. Soviel steht fest. Aber Wesen und Charakter dieses Aufzuges bleibt noch zu fixieren, und zu diesem Behufe haben wir uns hier versammelt. Ich bin bereit, Ihre Vorschläge der Reihe nach entgegenzunehmen. Wer Vorschläge zu machen hat, melde sich."

Unter denen, die sich meldeten, war auch Leutnant von Zieten.

„Ich gebe dem Leutnant von Zieten das Wort."

Dieser erhob sich und sagte, während er sich leicht auf der Stuhllehne wiegte: „Was ich vorzuschlagen habe, heißt *Schlittenfahrt.*"

Alle sahen einander an, einige lachten.

„Im Juli?"

„Im Juli", wiederholte Zieten. „Unter den Linden wird Salz gestreut, und über diesen Schnee hin geht die Fahrt. Erst ein paar aufgelöste Nonnen; in dem großen Hauptschlitten aber, der die Mitte des Zuges bildet, paradieren Luther und sein Famulus, jeder mit einer Flöte, während Katharinchen auf der Pritsche reitet. Ad libitum mit Fackel oder Schlittenpeitsche. Vorreiter eröffnen den Zug. Kostüme werden dem Theater entnommen oder angefertigt. Ich habe gesprochen."

Ein ungeheurer Lärm antwortete, bis der Ruhe gebietende Nostitz endlich durchdrang. „Ich nehme diesen Lärm einfach als Zustimmung und beglückwünsche Kamerad Zieten, mit einem einzigen und ersten Meisterschuß gleich ins Schwarze getroffen zu haben. Also Schlittenfahrt. Angenommen?"

„Ja, ja."

„So bleibt nur noch Rollenverteilung. Wer gibt den Luther?"

„Schach."

„Er wird ablehnen."

„Nicht doch", krähte Zieten, der gegen den schönen, ihm bei mehr als einer Gelegenheit vorgezogenen Schach eine Spezialmalice hegte: „Wie kann man Schach so verkennen! Ich kenn ihn besser. Er wird es freilich eine halbe Stunde lang beklagen, sich hohe Backenknochen auflegen und sein Normal-Oval in eine bäurische tête carrée verwandeln zu müssen. Aber schließlich wird er Eitelkeit gegen Eitelkeit setzen und seinen Lohn darin finden, auf vierundzwanzig Stunden der Held des Tages zu sein."

Ehe Zieten noch ausgesprochen hatte, war von der Wache her ein Gefreiter eingetreten, um ein an Nostitz adressiertes Schreiben abzugeben.

„Ah, lupus in fabula."

„Von Schach?"

„Ja!"

„Lesen, lesen!"

Und Nostitz erbrach den Brief und las. „Ich bitte Sie, lieber Nostitz, bei der mutmaßlich in eben diesem Augenblicke stattfindenden Versammlung unserer jungen Offiziere meinen Vermittler und, wenn nötig, auch meinen Anwalt machen zu wollen. Ich habe das Zirkular erhalten und war anfänglich gewillt, zu kommen. Inzwischen aber ist mir mitgeteilt worden, um was es sich aller Wahrscheinlichkeit nach handeln wird, und diese Mitteilung hat meinen Entschluß geändert. Es ist Ihnen kein Geheimnis, daß all das, was man vorhat, meinem Gefühl widerstreitet, und so werden Sie sich mit Leichtigkeit herausrechnen können, wie viel oder wie wenig ich (dem schon ein *Bühnen*-Luther contre cœur war) für einen Mummenschanz-Luther übrig habe. Daß wir diesen Mummenschanz in eine Zeit verlegen, die nicht einmal eine Fastnachtsfreiheit in Anspruch nehmen darf, bessert sicherlich nichts. Jüngeren Kameraden soll aber durch diese meine Stellung zur Sache kein Zwang auferlegt werden, und jedenfalls darf man sich meiner Diskretion versichert halten. Ich bin nicht das Gewissen des Regiments, noch weniger sein Aufpasser. Ihr Schach."

„Ich wußt es", sagte Nostitz in aller Ruhe, während er das Schachsche Billett an dem ihm zunächst stehenden Lichte verbrannte. „Kamerad Zieten ist größer in Vorschlägen und Phantastik als in Menschenkenntnis.

Er will mir antworten, seh ich, aber ich kann ihm nicht nachgeben, denn in diesem Augenblicke heißt es ausschließlich: wer spielt den Luther? Ich bringe den Reformator unter den Hammer. Der Meistbietende hat ihn. Zum ersten, zum zweiten und zum . . . dritten. Niemand? So bleibt mir nichts übrig als Ernennung. Alvensleben, Sie."

Dieser schüttelte den Kopf. „Ich stehe dazu wie Schach; machen Sie das Spiel, ich bin kein Spielverderber, aber ich spiele persönlich nicht mit. Kann nicht und will nicht. Es steckt mir dazu zu viel Katechismus Lutheri im Leibe."

Nostitz wollte nicht gleich nachgeben. „Alles zu seiner Zeit", nahm er das Wort, „und wenn der Ernst seinen Tag hat, so hat der Scherz wenigstens seine Stunde. Sie nehmen alles zu gewissenhaft, zu feierlich, zu pedantisch. Auch darin wie Schach. Keinerlei Ding ist an sich gut oder bös. Erinnern Sie sich, daß wir den alten Luther nicht verhöhnen wollen, im Gegenteil, wir wollen ihn rächen. Was verhöhnt werden soll, ist das *Stück*, ist die Lutherkarikatur, ist der Reformator in falschem Licht und an falscher Stelle. Wir sind Strafgericht, Instanz alleroberster Sittlichkeit. Tun Sie's. Sie dürfen uns nicht im Stiche lassen, oder es fällt alles in den Brunnen."

Andere sprachen in gleichem Sinne. Aber Alvensleben blieb fest, und eine kleine Verstimmung schwand erst, als sich unerwartet (und eben deshalb von allgemeinstem Jubel begrüßt) der junge Graf Herzberg erhob, um sich für die Lutherrolle zu melden.

Alles, was danach noch zu ordnen war, ordnete sich rasch, und ehe zehn Minuten um waren, waren bereits die Hauptrollen verteilt: Graf Herzberg den Luther, Diricke den Famulus, Nostitz, wegen seiner kolossalen Größe, die Katharina von Bora. Der Rest wurde einfach als Nonnenmaterial eingeschrieben, und nur Zieten, dem man sich besonders verpflichtet fühlte, rückte zur Äbtissin auf. Er erklärte denn auch sofort, auf seinem Schlitten ein „Jeu entrieren" oder mit dem Klostervogt eine Partie Mariage spielen zu wollen. Ein neuer Jubel brach aus, und nachdem noch in aller Kürze der nächste Montag für die Maskerade festgesetzt, alles Ausplaudern aber aufs strengste verboten worden war, schloß Nostitz die Sitzung.

In der Tür drehte sich Diricke noch einmal um und fragte: „Aber wenn's regnet?"

„Es darf nicht regnen."

„Und was wird aus dem Salz?"

„C'est pour les domestiques."

„Et pour la canaille", schloß der jüngste Kornett.

XI

Die Schlittenfahrt

Schweigen war gelobt worden, und es blieb auch wirklich verschwiegen. Ein vielleicht einzig dastehender Fall. Wohl erzählte man sich in der Stadt, daß die Gensdarmes „etwas vorhätten" und mal wieder über einem jener tollen Streiche brüteten, um derentwillen sie vor andern Regimentern einen Ruf hatten, aber man erfuhr weder, worauf die Tollheit hinauslaufen werde, noch auch für welchen Tag sie geplant sei. Selbst die Carayonschen Damen, an deren letztem Empfangsabende weder Schach noch Alvensleben erschienen waren, waren ohne Mitteilung geblieben, und so brach denn die berühmte „Sommerschlittenfahrt" über Näher- und Fernerstehende gleichmäßig überraschend herein.

In einem der in der Nähe der Mittel- und Dorotheenstraße gelegenen Stallgebäude hatte man sich bei Dunkelwerden versammelt, und ein Dutzend prachtvoll gekleideter und von Fackelträgern begleiteter Vorreiter

vorauf, ganz also wie Zieten es proponiert hatte, schoß
man mit dem Glockenschlage neun an dem Akademie-
gebäude vorüber auf die Linden zu, jagte weiter ab-
wärts erst in die Wilhelms-, dann aber umkehrend in
5 die Behren- und Charlottenstraße hinein und wiederholte diese Fahrt um das eben bezeichnete Lindenkarree
herum in einer immer gesteigerten Eile.

Als der Zug das *erste*mal an dem Carayonschen
Hause vorüberkam und das Licht der vorauffreitenden
10 Fackeln grell in alle Scheiben der Beletage fiel, eilte
Frau von Carayon, die sich zufällig allein befand, er-
schreckt ans Fenster und sah auf die Straße hinaus.
Aber statt des Rufes „Feuer“, den sie zu hören er-
wartete, hörte sie nur, wie mitten im Winter, ein Knal-
15 len großer Hetz- und Schlittenpeitschen mit Schellen-
geläut dazwischen, und ehe sie sich zurechtzufinden
imstande war, war alles schon wieder vorüber und ließ
sie verwirrt und fragend und in einer halben Betäubung
zurück. In solchem Zustande war es, daß Victoire sie
20 fand.

„Um Gottes willen, Mama, was ist?“

Aber ehe Frau von Carayon antworten konnte, war
die Spitze der Maskerade zum *zweiten* Male heran,
und Mutter und Tochter, die jetzt rasch und zu beßrer
25 Orientierung von ihrem Eckzimmer aus auf den Balkon
hinausgetreten waren, waren von diesem Augenblick
an nicht länger mehr im Zweifel, was das Ganze bedeute. Verhöhnung, gleichviel auf wen und was. Erst
unzüchtige Nonnen, mit einer Hexe von Äbtissin an der
30 Spitze, johlend, trinkend und Karte spielend, und in der
Mitte des Zuges ein auf Rollen laufender und in der
Fülle seiner Vergoldung augenscheinlich als Triumph-
wagen gedachter Hauptschlitten, in dem Luther samt
Famulus und auf der Pritsche Katharina von Bora saß.
35 An der riesigen Gestalt erkannten sie Nostitz. Aber
wer war der auf dem Vordersitz? fragte sich Victoire.
Wer verbarg sich hinter dieser Luther-Maske? War *er*

es? Nein, es war unmöglich. Und doch, auch wenn er es *nicht* war, er war doch immer ein Mitschuldiger in diesem widerlichen Spiele, das er gutgeheißen oder wenigstens nicht gehindert hatte. Welche verkommene Welt, wie pietätlos, wie bar aller Schicklichkeit! Wie schal und ekel. Ein Gefühl unendlichen Wehs ergriff sie, das Schöne verzerrt und das Reine durch den Schlamm gezogen zu sehen. Und warum? Um einen Tag lang von sich reden zu machen, um einer kleinlichen Eitelkeit willen. Und *das* war die Sphäre, darin sie gedacht und gelacht, und gelebt und gewebt, und darin sie nach Liebe verlangt, und ach, das Schlimmste von allem, an Liebe geglaubt hatte!

„Laß uns gehen", sagte sie, während sie den Arm der Mutter nahm, und wandte sich, um in das Zimmer zurückzukehren. Aber ehe sie's erreichen konnte, wurde sie wie von einer Ohnmacht überrascht und sank auf der Schwelle des Balkons nieder.

Die Mama zog die Klingel, Beate kam, und beide trugen sie bis an das Sofa, wo sie gleich danach von einem heftigen Brustkrampfe befallen wurde. Sie schluchzte, richtete sich auf, sank wieder in die Kissen, und als die Mutter ihr Stirn und Schläfe mit kölnischem Wasser waschen wollte, stieß sie sie heftig zurück. Aber im nächsten Augenblick riß sie der Mama das Flakon aus der Hand und goß es sich über Hals und Nacken. „Ich bin mir zuwider, zuwider wie die Welt. In meiner Krankheit damals hab ich Gott um mein Leben gebeten … Aber wir *sollen* nicht um unser Leben bitten … Gott weiß am besten, was uns frommt. Und wenn er uns zu sich hinaufziehen will, so sollen wir nicht bitten: laß uns noch … Oh, wie schmerzlich ich das fühle! Nun leb ich … Aber wie, wie!"

Frau von Carayon kniete neben dem Sofa nieder und sprach zu ihr. Denselben Augenblick aber schoß der Schlittenzug zum *dritten* Male an dem Hause vorüber, und wieder war es, als ob sich schwarze, phan-

tastische Gestalten in dem glühroten Scheine jagten und
haschten. „Ist es nicht wie die Hölle?" sagte Victoire,
während sie nach dem Schattenspiel an der Decke
zeigte.

5 Frau von Carayon schickte Beaten, um den Arzt
rufen zu lassen. In Wahrheit aber lag ihr weniger an
dem Arzt, als an einem Alleinsein und einer Aussprache
mit dem geliebten Kinde.

„Was ist dir? Und wie du nur fliegst und zitterst.
10 Und siehst so starr. Ich erkenne meine heitere Victoire
nicht mehr. Überlege, Kind, was ist denn geschehen?
Ein toller Streich mehr, einer unter vielen, und ich
weiß Zeiten, wo du diesen Übermut mehr belacht als
beklagt hättest. Es ist etwas andres, was dich quält
15 und drückt; ich seh es seit Tagen schon. Aber du ver-
schweigst mir's, du hast ein Geheimnis. Ich beschwöre
dich, Victoire, sprich. Du darfst es. Es sei, was es sei."

Victoire schlang ihren Arm um Frau von Carayons
Hals, und ein Strom von Tränen entquoll ihrem Auge.
20 „Beste Mutter!"

Und sie zog sie fester an sich und küßte sie und
beichtete ihr alles.

XII

Schach bei Frau von Carayon

25 Am andern Vormittage saß Frau von Carayon am
Bette der Tochter und sagte, während diese zärtlich
und mit einem wiedergewonnenen ruhig-glücklichen
Ausdruck zu der Mutter aufblickte: „Habe Vertrauen,
Kind. Ich kenn ihn so lange Zeit. Er ist schwach und
30 eitel nach Art aller schönen Männer, aber von einem
nicht gewöhnlichen Rechtsgefühl und einer untadligen
Gesinnung."

In diesem Augenblicke wurde Rittmeister von Schach gemeldet, und der alte Jannasch setzte hinzu, „daß er ihn in den Salon geführt habe".

Frau von Carayon nickte zustimmend.

„Ich wußte, daß er kommen würde", sagte Victoire.

„Weil du's geträumt?"

„Nein, nicht geträumt; ich beobachte nur und rechne. Seit einiger Zeit weiß ich im voraus, an welchem Tag und bei welcher Gelegenheit er erscheinen wird. Er kommt immer, wenn etwas geschehen ist oder eine Neuigkeit vorliegt, über die sich bequem sprechen läßt. Er geht einer intimen Unterhaltung mit mir aus dem Wege. So kam er nach der Aufführung des Stücks, und heute kommt er nach der Aufführung der Schlittenfahrt. Ich bin doch begierig, ob er mit dabei war. War er's, so sag ihm, wie sehr es mich verletzt hat. Oder sag es lieber nicht."

Frau von Carayon war bewegt. „Ach, meine süße Victoire, du bist zu gut, viel zu gut. Er verdient es nicht; keiner." Und sie streichelte die Tochter und ging über den Korridor fort in den Salon, wo Schach ihrer wartete.

Dieser schien weniger befangen als sonst und verbeugte sich, ihr die Hand zu küssen, was sie freundlich geschehen ließ. Und doch war ihr Benehmen verändert. Sie wies mit einem Zeremoniell, das ihr sonst fremd war, auf einen der zur Seite stehenden japanischen Stühle, schob sich ein Fußkissen heran und nahm ihrerseits auf dem Sofa Platz.

„Ich komme, nach dem Befinden der Damen zu fragen und zugleich in Erfahrung zu bringen, ob die gestrige Maskerade Gnade vor ihren Augen gefunden hat oder nicht."

„Offen gestanden, nein. Ich, für meine Person, fand es wenig passend, und Victoire fühlte sich beinahe widerwärtig davon berührt."

„Ein Gefühl, das ich teile."

„So waren Sie nicht mit von der Partie?"

„Sicherlich nicht. Und es überrascht mich, es noch erst versichern zu müssen. Sie kennen ja meine Stellung zu dieser Frage, meine teure Josephine, kennen sie seit jenem Abend, wo wir zuerst über das Stück und seinen Verfasser sprachen. Was ich damals äußerte, gilt ebenso noch heut. Ernste Dinge fordern auch eine ernste Behandlung, und es freut mich aufrichtig, Victoiren auf meiner Seite zu sehen. Ist sie zu Haus?"

„Zu Bett."

„Ich hoffe nichts Ernstliches."

„Ja und nein. Die Nachwirkungen eines Brust- und Weinkrampfes, von dem sie gestern abend befallen wurde."

„Mutmaßlich infolge dieser Maskeradentollheit. Ich beklag es von ganzem Herzen."

„Und doch bin ich eben dieser Tollheit zu Danke verpflichtet. In dem Degout über die Mummerei, deren Zeuge sie sein mußte, löste sich ihr die Zunge; sie brach ihr langes Schweigen und vertraute mir ein Geheimnis an, ein Geheimnis, das Sie kennen."

Schach, der sich doppelt schuldig fühlte, war wie mit Blut übergossen.

„Lieber Schach", fuhr Frau von Carayon fort, während sie jetzt seine Hand nahm und ihn aus ihren klugen Augen freundlich, aber fest ansah: „Lieber Schach, ich bin nicht albern genug, Ihnen eine Szene zu machen oder gar eine Sittenpredigt zu halten; zu den Dingen, die mir am meisten verhaßt sind, gehört auch Tugendschwätzerei. Ich habe von Jugend auf in der Welt gelebt, kenne die Welt und habe manches an meinem eignen Herzen erfahren. Und wär' ich heuchlerisch genug, es vor mir und andern verbergen zu wollen, wie könnt ich es vor *Ihnen*?"

Sie schwieg einen Augenblick, während sie mit ihrem Batisttuch ihre Stirn berührte. Dann nahm sie das Wort wieder auf und setzte hinzu: „Freilich, es gibt ihrer, und nun gar unter uns Frauen, die den Spruch von der Linken, die nicht wissen soll, was die Rechte tut, dahin deuten, daß das Heute nicht wissen soll, was das Gestern tat. Oder wohl gar das Vorgestern! Ich aber gehöre nicht zu diesen Virtuosinnen des Vergessens. Ich leugne nichts, will es nicht, mag es nicht. Und nun verurteilen Sie mich, wenn Sie können."

Er war ersichtlich getroffen, als sie so sprach, und seine ganze Haltung zeigte, welche Gewalt sie noch immer über ihn ausübte.

„Lieber Schach", fuhr sie fort, „Sie sehen, ich gebe mich Ihrem Urteil preis. Aber wenn ich mich auch bedingungslos einer jeden Verteidigung oder Anwaltschaft für Josephine von Carayon enthalte, für *Josephine* (Verzeihung, Sie haben eben selbst den alten Namen wieder heraufbeschworen), so darf ich doch nicht darauf verzichten, der Anwalt der *Frau* von Carayon zu sein, ihres Hauses und ihres Namens."

Es schien, daß Schach unterbrechen wollte. Sie ließ es aber nicht zu. „Noch einen Augenblick. Ich werde gleich gesagt haben, was ich zu sagen habe. Victoire hat mich gebeten, über *alles* zu schweigen, nichts zu verraten, auch *Ihnen* nicht, und nichts zu verlangen. Zur Sühne für eine halbe Schuld (und ich rechne hoch, wenn ich von einer *halben* Schuld spreche) will sie die *ganze* tragen, auch vor der Welt, und will sich in jenem romantischen Zuge, der ihr eigen ist, aus ihrem Unglück ein Glück erziehen. Sie gefällt sich in dem Hochgefühl des Opfers, in einem süßen Hinsterben für *den*, den sie liebt, und für *das*, was sie lieben *wird*. Aber so schwach ich in meiner Liebe zu Victoire bin, so bin ich doch nicht schwach genug, ihr in dieser Großmutskomödie zu Willen zu sein. Ich gehöre der Gesellschaft an, deren Bedingungen ich erfülle, deren Gesetzen ich mich unterwerfe; daraufhin bin ich erzogen, und ich habe nicht Lust, einer Opfermarotte meiner einzig geliebten Tochter zuliebe meine gesellschaftliche Stellung mit zum

Opfer zu bringen. Mit andern Worten, ich habe nicht Lust, ins Kloster zu gehen oder die dem Irdischen entrückte Säulenheilige zu spielen, auch nicht um Victoirens willen. Und so muß ich denn auf Legitimisierung des Geschehenen dringen. Dies, mein Herr Rittmeister, war es, was ich Ihnen zu sagen hatte."

Schach, der inzwischen Gelegenheit gefunden hatte, sich wieder zu sammeln, erwiderte, „daß er wohl wisse, wie jegliches Ding im Leben seine natürliche Konsequenz habe. Und solcher Konsequenz gedenk er sich nicht zu entziehen. Wenn ihm *das*, was er jetzt wisse, bereits früher bekannt geworden sei, würd' er um eben die Schritte, die Frau von Carayon jetzt fordere, seinerseits aus freien Stücken gebeten haben. Er habe den Wunsch gehabt, unverheiratet zu bleiben, und von einer solchen langgehegten Vorstellung Abschied zu nehmen, schaffe momentan eine gewisse Verwirrung. Aber er fühle mit nicht mindrer Gewißheit, daß er sich zu dem Tage zu beglückwünschen habe, der binnen kurzem diesen Wechsel in sein Leben bringen werde. Victoire sei der Mutter Tochter, das sei die beste Gewähr seiner Zukunft, die Verheißung eines wirklichen Glücks."

All dies wurde sehr artig und verbindlich gesprochen, aber doch zugleich auch mit einer bemerkenswerten Kühle.

Dies empfand Frau von Carayon in einer ihr nicht nur schmerzlichen, sondern sie geradezu verletzenden Weise; das, was sie gehört hatte, war weder die Sprache der Liebe noch der Schuld, und als Schach schwieg, erwiderte sie spitz: „Ich bin Ihnen sehr dankbar für Ihre Worte, Herr von Schach, ganz besonders auch für *das*, was sich darin an meine Person richtete. Daß Ihr ,Ja' rückhaltloser und ungesuchter hätte klingen können, empfinden Sie wohl am eigenen Herzen. Aber gleichviel, mir genügt das ,Ja'. Denn wonach dürst ich denn am Ende? Nach einer Trauung im Dom und einer Galahochzeit. Ich will mich einmal wieder in gelbem Atlas

sehen, der mich kleidet, und haben wir dann erst unsren Fackeltanz getanzt und Victoirens Strumpfband
zerschnitten – denn ein wenig prinzeßlich werden wir's
doch wohl halten müssen, schon um Tante Margueritens
willen – nun, so geb ich Ihnen Carte blanche, Sie sind
dann wieder frei, frei wie der Vogel in der Luft, in Tun
und Lassen, in Haß und Liebe, denn es ist dann einfach
geschehen, was geschehen *mußte*."

Schach schwieg.

„Ich nehme vorläufig ein stilles Verlöbnis an. Über
alles andre werden wir uns leicht verständigen. Wenn
es sein muß, schriftlich. Aber die Kranke wartet jetzt
auf mich, und so verzeihen Sie."

Frau von Carayon erhob sich, und gleich danach ver-
abschiedete sich Schach in aller Förmlichkeit, ohne daß
weiter ein Wort zwischen ihnen gesprochen worden
wäre.

XIII

„Le choix du Schach"

In beinahe offener Gegnerschaft hatte man sich ge-
trennt. Aber es ging alles besser, als nach dieser ge-
reizten Unterhaltung erwartet werden konnte, wozu
sehr wesentlich ein Brief beitrug, den Schach andern
Tags an Frau von Carayon schrieb. Er bekannte sich
darin in allem Freimut schuldig, schützte, wie schon
während des Gespräches selbst, Überraschung und Verwirrung vor, und traf in all diesen Erklärungen einen
wärmeren Ton, eine herzlichere Sprache. Ja, sein Rechtsgefühl, dem er ein Genüge tun wollte, ließ ihn vielleicht
mehr sagen, als zu sagen gut und klug war. Er sprach
von seiner Liebe zu Victoiren und vermied absichtlich
oder zufällig all jene Versicherungen von Respekt und
Wertschätzung, die so bitter wehe tun, wo das einfache

94

Geständnis einer herzlichen Neigung gefordert wird. Victoire sog jedes Wort ein, und als die Mama schließlich den Brief aus der Hand legte, sah diese letztere nicht ohne Bewegung, wie zwei Minuten Glück ausgereicht hatten, ihrem armen Kinde die Hoffnung und *mit* dieser Hoffnung auch die verlorene Frische zurückzugeben. Die Kranke strahlte, fühlte sich wie genesen, und Frau von Carayon sagte: „Wie hübsch du bist, Victoire."

Schach empfing am selben Tage noch ein Antwortsbillett, das ihm unumwunden die herzliche Freude seiner alten Freundin ausdrückte. Manches Bittre, was sie gesagt habe, mög er vergessen; sie habe sich, lebhaft wie sie sei, hinreißen lassen. Im übrigen sei noch nichts Ernstliches und Erhebliches versäumt, und wenn, dem Sprichworte nach, aus Freude Leid erblühe, so kehre sich's auch wohl um. Sie sehe wieder hell in die Zukunft und hoffe wieder. Was sie persönlich zum Opfer bringe, bringe sie gern, wenn dies Opfer die Bedingung für das Glück ihrer Tochter sei.

Schach, als er das Billett gelesen, wog es hin und her und war ersichtlich von einer gemischten Empfindung. Er hatte sich, als er in seinem Briefe von Victoire sprach, einem ihr nicht leicht von irgendwem zu versagenden, freundlich-herzlichen Gefühl überlassen, und diesem Gefühle (dessen entsann er sich) einen besonders lebhaften Ausdruck gegeben. Aber das, woran ihn das Billett seiner Freundin jetzt aufs neue gemahnte, das war *mehr*, das hieß einfach Hochzeit, Ehe, Worte, deren bloßer Klang ihn von alter Zeit her erschreckte. Hochzeit! Und Hochzeit mit *wem*? Mit einer Schönheit, die, wie der Prinz sich auszudrücken beliebt hatte, „durch ein Fegefeuer gegangen war". „Aber", so fuhr er in seinem Selbstgespräche fort, „ich stehe nicht auf dem Standpunkte des Prinzen, ich schwärme nicht für ,Läuterungsprozesse', hinsichtlich deren nicht feststeht, ob der Verlust nicht größer ist als der Gewinn, und wenn

ich mich auch persönlich zu diesem Standpunkte be-
kehren könnte, so bekehr ich doch nicht die Welt . . .
Ich bin rettungslos dem Spott und Witz der Kameraden verfallen, und das Ridikül einer allerglücklichsten
‚Landehe‘, die wie das Veilchen im Verborgenen blüht, 5
liegt in einem wahren Musterexemplare vor mir. Ich
sehe genau, wie's kommt: ich quittiere den Dienst, über-
nehme wieder Wuthenow, ackre, melioriere, ziehe Raps
oder Rübsen, und befleißige mich einer allerehelichsten
Treue. Welch Leben, welche Zukunft! An *einem* Sonn- 10
tage Predigt, am *andern* Evangelium oder Epistel, und
dazwischen Whist en trois, immer mit demselben Pastor.
Und dann kommt einmal ein Prinz in die nächste
Stadt, vielleicht Prinz Louis in Person, und wechselt
die Pferde, während ich erschienen bin, um am Tor 15
oder am Gasthof ihm aufzuwarten. Und er mustert
mich und meinen altmodischen Rock und frägt mich:
‚Wie mir's gehe?‘ Und dabei drückt jede seiner Mienen
aus: ‚O Gott, was doch drei Jahr aus einem Menschen
machen können.‘ Drei Jahr . . . Und vielleicht werden 20
es dreißig.“

Er war in seinem Zimmer auf und ab gegangen und
blieb vor einer Spiegelkonsole stehen, auf der der Brief
lag, den er während des Sprechens beiseite gelegt hatte.
Zwei-, dreimal hob er ihn auf und ließ ihn wieder fal- 25
len. „Mein Schicksal. Ja, ‚der Moment entscheidet‘. Ich
entsinne mich noch, so schrieb sie damals. Wußte sie,
was kommen würde? *Wollte* sie's? O pfui, Schach, ver-
unglimpfe nicht das süße Geschöpf! Alle Schuld liegt
bei *dir*. Deine *Schuld* ist dein Schicksal. Und ich will sie 30
tragen.“

Er klingelte, gab dem Diener einige Weisungen und
ging zu den Carayons.

Es war, als ob er sich durch das Selbstgespräch, das
er geführt, von dem Drucke, der auf ihm lastete, frei- 35
gemacht habe. Seine Sprache der alten Freundin gegenüber war jetzt natürlich, beinah herzlich, und ohne daß

auch nur eine kleinste Wolke das wiederhergestellte Vertrauen der Frau von Carayon getrübt hätte, besprachen beide, was zu tun sei. Schach zeigte sich einverstanden mit allem: in einer Woche Verlobung und nach drei Wochen die Hochzeit. Unmittelbar nach der Hochzeit aber sollte das junge Paar eine Reise nach Italien antreten und nicht vor Ablauf eines Jahres in die Heimat zurückkehren, Schach nach der Hauptstadt, Victoire nach Wuthenow, dem alten Familiengute, das ihr,.von einem früheren Besuche her (als Schachs Mutter noch lebte), in dankbarer und freundlicher Erinnerung war. Und war auch das Gut inzwischen in Pacht gegeben, so war doch noch das *Schloß* da, stand frei zur Verfügung und konnte jeden Augenblick bezogen werden.

Nach Festsetzungen wie diese trennte man sich. Ein Sonnenschein lag über dem Hause Carayon, und Victoire vergaß aller Betrübnis, die vorausgegangen war.

Auch Schach legte sich's zurecht. Italien wiederzusehen war ihm seit seinem ersten, erst um wenige Jahre zurückliegenden Aufenthalte daselbst ein brennender Wunsch geblieben; *der* erfüllte sich nun; und kehrten sie dann zurück, so ließ sich ohne Schwierigkeit auch aus der geplanten doppelten Wirtschaftsführung allerlei Nutzen und Vorteil ziehen. Victoire hing an Landleben und Stille. Von Zeit zu Zeit nahm er dann Urlaub und fuhr oder ritt hinüber. Und dann gingen sie durch die Felder und plauderten. Oh, sie plauderte ja so gut und war einfach und espritvoll zugleich. Und nach abermals einem Jahr oder einem zweiten und dritten, je nun, da hatte sich's verblutet, da war es tot und vergessen. Die Welt vergißt so leicht und die Gesellschaft noch leichter. Und dann hielt man seinen Einzug in das Eckhaus am Wilhelmsplatz und freute sich beiderseits der Rückkehr in Verhältnisse, die doch schließlich nicht bloß seine, sondern auch *ihre* Heimat bedeuteten. Alles war überstanden und das Lebensschiff an der Klippe des Lächerlichen *nicht* gescheitert.

Armer Schach! Es war anders in den Sternen geschrieben.

Die Woche, die bis zur Verlobungsanzeige vergehen sollte, war noch nicht um, als ihm ein Brief mit voller Titelaufschrift und einem großen roten Siegel ins Haus geschickt wurde. Den ersten Augenblick hielt er's für ein amtliches Schreiben (vielleicht eine Bestallung) und zögerte mit dem Öffnen, um die Vorfreude der Erwartung nicht abzukürzen. Aber woher kam es? Von wem? Er prüfte neugierig das Siegel und erkannte nun leicht, daß es überhaupt kein Siegel, sondern ein Gemmenabdruck sei. Sonderbar. Und nun erbrach er's und ein Bild fiel ihm entgegen, eine radierte Skizze mit der Unterschrift: Le choix du Schach. Er wiederholte sich das Wort, ohne sich in ihm oder dem Bilde selbst zurechtfinden zu können, und empfand nur ganz allgemein und aufs Unbestimmte hin etwas von Angriff und Gefahr. Und wirklich, als er sich orientiert hatte, sah er, daß sein erstes Gefühl ein richtiges gewesen war. Unter einem Thronhimmel saß der persische Schach, erkennbar an seiner hohen Lammfellmütze, während an der untersten Thronstufe zwei weibliche Gestalten standen und des Augenblicks harrten, wo der von seiner Höhe her kalt und vornehm Dreinschauende seine Wahl zwischen ihnen getroffen haben würde. Der persische Schach aber war einfach *unser* Schach, und zwar in allerfrappantester Porträtähnlichkeit, während die beiden ihn fragend anblickenden und um vieles flüchtiger skizzierten Frauenköpfe wenigstens ähnlich genug waren, um Frau von Carayon und Victoire mit aller Leichtigkeit erkennen zu lassen. Also nicht mehr und nicht weniger als eine Karikatur. Sein Verhältnis zu den Carayons hatte sich in der Stadt herumgesprochen, und einer seiner Neider und Gegner, deren er nur zu viel hatte, hatte die Gelegenheit ergriffen, seinem boshaften Gelüst ein Genüge zu tun.

Schach zitterte vor Scham und Zorn, alles Blut stieg ihm zu Kopf, und es war ihm, als würd' er vom Schlage getroffen.

Einem natürlichen Verlangen nach Luft und Bewegung folgend oder vielleicht auch von der Ahnung erfüllt, daß der letzte Pfeil noch nicht abgeschossen sei, nahm er Hut und Degen, um einen Spaziergang zu machen. Begegnungen und Geplauder sollten ihn zerstreuen, ihm seine Ruhe wiedergeben. Was war es denn schließlich? Ein kleinlicher Akt der Rache.

Die Frische draußen tat ihm wohl; er atmete freier und hatte seine gute Laune fast schon wiedergewonnen, als er, vom Wilhelmsplatz her in die Linden einbiegend, auf die schattigere Seite der Straße hinüberging, um hier ein paar Bekannte, die des Weges kamen, anzusprechen. Sie vermieden aber ein Gespräch und wurden sichtlich verlegen. Auch Zieten kam, grüßte nonchalant und, wenn nicht alles täuschte, sogar mit hämischer Miene. Schach sah ihm nach und sann und überlegte noch, was die Suffisance des einen und die verlegenen Gesichter der andern bedeutet haben mochten, als er, einige hundert Schritte weiter aufwärts, einer ungewöhnlich großen Menschenmenge gewahr wurde, die vor einem kleinen Bilderladen stand. Einige lachten, andere schwatzten, alle jedoch schienen zu fragen, „was es eigentlich sei?" Schach ging im Bogen um die Zuschauermenge herum, warf einen Blick über die Köpfe weg und wußte genug. An dem Mittelfenster hing dieselbe Karikatur und der absichtlich niedrig normierte Preis war mit Rotstift groß darunter geschrieben.

Also eine Verschwörung.

Schach hatte nicht die Kraft mehr, seinen Spaziergang fortzusetzen, und kehrte in seine Wohnung zurück.

Um Mittag empfing Sander ein Billett von Bülow: „Lieber Sander. Eben erhalt ich eine Karikatur, die man auf Schach und die Carayonschen Damen gemacht hat. In Zweifel darüber, ob Sie dieselbe schon kennen, schließ ich sie diesen Zeilen bei. Bitte, suchen Sie dem Ursprunge nachzugehn. Sie wissen ja alles und hören das Berliner Gras wachsen. Ich meinerseits bin empört. *Nicht* Schachs halber, der diesen ‚Schach von Persien‘ einigermaßen verdient (denn er ist wirklich so was), aber der Carayons halber. Die liebenswürdige Victoire! So bloßgestellt zu werden. Alles Schlechte nehmen wir uns von den Franzosen an, und an ihrem Guten, wohin auch die Gentilezza gehört, gehen wir vorüber. Ihr B.“

Sander warf nur einen flüchtigen Blick auf das Bild, das er kannte, setzte sich an sein Pult und antwortete: „Mon Général! Ich brauche dem Ursprunge nicht nachzugehen, er ist *mir* nachgegangen. Vor etwa vier, fünf Tagen erschien ein Herr in meinem Kontor und befragte mich, ob ich mich dazu verstehen würde, den Vertrieb einiger Zeichnungen in die Hand zu nehmen. Als ich sah, um was es sich handelte, lehnte ich ab. Es waren drei Blätter, darunter auch le choix du Schach. Der bei mir erschienene Herr gerierte sich als ein Fremder, aber er sprach, alles gekünstelten Radebrechens unerachtet, das Deutsche so gut, daß ich seine Fremdheit für bloße Maske halten mußte. Personen aus dem Prinz R.schen Kreise nehmen Anstoß an seinem Geliebte mit der Prinzessin und stecken vermutlich dahinter. Irr ich aber in dieser Annahme, so wird mit einer Art von Sicherheit auf Kameraden seines Regiments zu schließen sein. Er ist nichts weniger als beliebt; wer den Aparten spielt, ist es nie. Die Sache möchte hingehen, wenn nicht, wie Sie sehr richtig hervorheben, die Carayons mit hineingezogen wären. Um *ihret*willen beklag ich den Streich, dessen Gehässigkeit sich in diesem *einen* Bilde schwerlich erschöpft haben wird. Auch die beiden andern, deren ich eingangs erwähnte, werden mutmaßlich folgen. Alles in diesem anonymen Angriff ist klug berechnet, und klug berechnet ist auch der Einfall, das Gift nicht gleich auf einmal zu geben. Es wird seine Wirkung nicht verfehlen, und nur auf das ‚Wie‘ haben wir zu warten. Tout à vous. S.“

5 In der Tat, die Besorgnis, die Sander in diesen Zeilen an Bülow ausgesprochen hatte, sollte sich nur als zu gerechtfertigt erweisen. Intermittierend wie das Fieber, erschienen in zweitägigen Pausen auch die beiden andern Blätter und wurden, wie das erste, von jedem
10 Vorübergehenden gekauft oder wenigstens begafft und besprochen. Die Frage Schach–Carayon war über Nacht zu einer cause célèbre geworden, trotzdem das neubegierige Publikum nur die Hälfte wußte. Schach, so hieß es, habe sich von der schönen Mutter ab- und der
15 unschönen Tochter zugewandt. Über das Motiv erging man sich in allerlei Mutmaßungen, ohne dabei das Richtige zu treffen.

Schach empfing auch die beiden andern Blätter unter Kuvert. Das Siegel blieb dasselbe. Blatt 2 hieß „La
20 gazza ladra“ oder „Die diebische Schach-Elster“, und stellte eine Elster dar, die, zwei Ringe von ungleichem Werte musternd, den unscheinbareren aus der Schmuckschale nimmt.

Am weitaus verletzendsten aber berührte das den
25 Salon der Frau von Carayon als Szenerie nehmende dritte Blatt. Auf dem Tische stand ein Schachbrett, dessen Figuren, wie nach einem verloren gegangenen Spiel und wie um die Niederlage zu besiegeln, umgeworfen waren. Daneben saß Victoire, gut getroffen,
30 und ihr zu Füßen kniete Schach, wieder in der persischen Mütze des ersten Bildes. Aber diesmal bezipfelt und eingedrückt. Und darunter stand: „Schach – matt.“

Der Zweck dieser wiederholten Angriffe wurde nur zu gut erreicht. Schach ließ sich krank melden, sah nie-
35 mand und bat um Urlaub, der ihm auch umgehend von seinem Chef, dem Obersten von Schwerin, gewährt wurde.

So kam es, daß er am selben Tag, an dem, nach gegenseitigem Abkommen, seine Verlobung mit Victoire veröffentlicht werden sollte, Berlin verließ. Er ging auf sein Gut, ohne sich von den Carayons (deren Haus er all die Zeit über nicht betreten hatte) verabschiedet zu haben.

XIV

In Wuthenow am See

Es schlug Mitternacht, als Schach in Wuthenow eintraf, an dessen entgegengesetzter Seite das auf einem Hügel erbaute, den Ruppiner See nach rechts und links hin überblickende *Schloß* Wuthenow lag. In den Häusern und Hütten war alles längst in tiefem Schlaf, und nur aus den Ställen her hörte man noch das Stampfen eines Pferdes oder das halblaute Brüllen einer Kuh.

Schach passierte das Dorf und bog am Ausgang in einen schmalen Feldweg ein, der, allmählich ansteigend, auf den Schloßhügel hinaufführte. Rechts lagen die Bäume des Außenparks, links eine gemähte Wiese, deren Heugeruch die Luft erfüllte. Das Schloß selbst aber war nichts als ein alter, weißgetünchter und von einer schwarzgeteerten Balkenlage durchzogener Fachwerkbau, dem erst Schachs Mutter, die „verstorbene Gnädige", durch ein Doppeldach, einen Blitzableiter und eine prächtige, nach dem Muster von Sanssouci hergerichtete Terrasse das Ansehen allernüchternster Tagtäglichkeit genommen hatte. Jetzt freilich, unter dem Sternenschein, lag alles da wie das Schloß im Märchen, und Schach hielt öfters an und sah hinauf, augenscheinlich betroffen von der Schönheit des Bildes.

Endlich war er oben und ritt auf das Einfahrtstor zu, das sich in einem flachen Bogen zwischen dem Gie-

bel des Schlosses und einem danebenstehenden Gesindehause wölbte. Vom Hof her vernahm er im selben
Augenblick ein Bellen und Knurren und hörte, wie der
Hund wütend aus seiner Hütte fuhr und mit seiner
5 Kette nach rechts und links hin an der Holzwandung
umherschrammte.

„Kusch dich, Hektor." Und das Tier, die Stimme
seines Herrn erkennend, begann jetzt vor Freude zu
heulen und zu winseln und abwechselnd auf die Hütte
10 hinauf- und wieder hinunterzuspringen.

Vor dem Gesindehause stand ein Walnußbaum mit
weitem Gezweige. Schach stieg ab, schlang den Zügel
um den Ast und klopfte halblaut an einen der Fenster-
läden. Aber erst als er das zweitemal gepocht hatte,
15 wurde es lebendig drinnen, und er hörte von dem Al-
koven her eine halb verschlafene Stimme: „Wat is?"

„Ich, Krist."

„Jott, Mutter, dat's joa de junge Herr."

„Joa, dat is hei. Steih man upp un mach flink."
20 Schach hörte jedes Wort und rief gutmütig in die
Stube hinein, während er den nur angelegten Laden
halb öffnete: „Laß dir Zeit, Alter."

Aber der Alte war schon aus dem Bette heraus und
sagte nur immer, während er hin und her suchte:
25 „Glieks, junger Herr, glieks. Man noch en beten."

Und wirklich nicht lange, so sah Schach einen
Schwefelfaden brennen und hörte, daß eine Laternen-
tür auf- und wieder zugeknipst wurde. Richtig, ein
erster Lichtschein blitzte jetzt durch die Scheiben und
30 ein paar Holzpantinen klappten über den Lehmflur
hin. Und nun wurde der Riegel zurückgeschoben, und
Krist, der in aller Eile nichts als ein leinenes Beinkleid
übergezogen hatte, stand vor seinem jungen Herrn. Er
hatte vor manchem Jahr und Tag, als der alte „Gnädge
35 Herr" gestorben war, den durch diesen Todesfall er-
ledigten Ehren- und Respekttitel auf seinen jungen
Herrn übertragen wollen, aber dieser, der mit Krist

das erste Wasserhuhn geschossen und die erste Boot-
fahrt über den See gemacht hatte, hatte von dem neuen
Titel nichts wissen wollen.

„Jott, junge Herr, sunst schrewens doch ümmer ihrst,
o'r schicken uns Baarschen o'r den kleenen inglischen
Kierl. Un nu keen Wort nich. Awers ick wußt et joa,
as de Poggen hüt Oabend mit ehr Gequoak nich to
Enn' koam' künn'n. ‚Jei, jei, Mutter‘, seggt ick, ‚dat
bedüt' wat.‘ Awers as de Fruenslüd' sinn! Wat seggt
se? ‚Wat sall et bedüden?‘ seggt se, ‚Regen bedüt et.
Un dat's man gaud. Denn uns' Tüffeln bruken't.‘ “

„Ja, ja“, sagte Schach, der nur mit halbem Ohr hingehört hatte, während der Alte die kleine Tür auf-
schloß, die von der Giebelseite her ins Schloß führte.
„Ja, ja. Regen ist gut. Aber geh nur vorauf.“

Krist tat, wie sein junger Herr ihm geheißen, und
beide gingen nun einen mit Fliesen gedeckten, schmalen Korridor entlang. Erst in der Mitte verbreiterte
sich dieser und bildete nach links hin eine geräumige
Treppenhalle, während nach rechts hin eine mit Gold-
leisten und Rokokoverzierungen reich ausgelegte Dop-
peltür in einen Gartensalon führte, der als Wohn- und
Empfangszimmer der verstorbenen Frau Generalin von
Schach, einer sehr vornehmen und sehr stolzen alten
Dame, gedient hatte. Hierher richteten sich denn auch
die Schritte beider, und als Krist die halb verquollene
Tür nicht ohne Müh und Anstrengung geöffnet hatte,
trat man ein.

Unter dem vielen, was an Kunst- und Erinnerungs-
gegenständen in diesem Gartensalon umherstand, war
auch ein bronzener Doppelleuchter, den Schach selber,
vor drei Jahren erst, von seiner italienischen Reise mit
nach Hause gebracht und seiner Mutter verehrt hatte.
Diesen Leuchter nahm jetzt Krist vom Kamin und
zündete die beiden Wachslichter an, die seit lange
schon in den Leuchtertellern steckten und ihrerzeit der
verstorbenen Gnädigen zum Siegeln ihrer Briefe ge-

dient hatten. Die Gnädige selbst aber war erst seit einem Jahre tot, und da Schach von jener Zeit an nicht wieder hier gewesen war, so hatte noch alles den alten Platz. Ein paar kleine Sofas standen wie früher an den Schmalseiten einander gegenüber, während zwei größere die Mitte der Längswand einnahmen und nichts als die vergoldete Rokokodoppeltür zwischen sich hatten. Auch der runde Rosenholztisch (ein Stolz der Generalin) und die große Marmorschale, darin alabasterne Weintrauben und Orangen und ein Pinienapfel lagen, standen unverändert an ihrem Platz. In dem ganzen Zimmer aber, das seit lange nicht gelüftet war, war eine stickige Schwüle.

„Mach ein Fenster auf", sagte Schach. „Und dann gib mir eine Decke. Die da."

„Wullen's sich denn *hier* hen leggen, junge Herr?"

„Ja, Krist. Ich habe schon schlechter gelegen."

„Ick weet. Jott, wenn de oll jnädge Herr uns *doa*vunn vertellen deih! Ümmer so platsch in'n Kalkmodder rin. Nei, nei, dat wihr nix för mi. ‚Jott, jnädge Herr', seggt ick denn ümmer, ‚ick gloob, de Huut geit em runner.' Awers denn lachte joa de oll jnädge Herr ümmer un seggte: ‚Nei, Krist, *uns*' Huut sitt fast.' "

Während der Alte noch so sprach und vergangener Zeiten gedachte, griff er zugleich doch nach einem breiten, aus Rohr geflochtenen Ausklopfer, der in einer Kaminecke stand, und versuchte damit das eine Sofa, das sich Schach als Lagerstätte ausgewählt hatte, wenigstens aus dem Gröbsten herauszubringen. Aber der dichte Staub, der aufstieg, zeigte nur das Vergebliche solcher Bemühungen, und Schach sagte mit einem Anfluge von guter Laune: „Störe den Staub nicht in seinem Frieden." Und erst als er's gesprochen hatte, fiel ihm der Doppelsinn darin auf, und er gedachte der Eltern, die drunten in der Dorfkirche in großen Kupfersärgen und mit einem aufgelöteten Kruzifix darauf in der alten Gruft der Familie standen.

Aber er hing dem Bilde nicht weiter nach und warf sich aufs Sofa. „Meinem Schimmel gib ein Stück Brot und einen Eimer Wasser; dann hält er aus bis morgen. Und nun stelle das Licht ans Fenster und laß es brennen... Nein, nicht da, nicht ans offene; an das daneben. Und nun gute Nacht, Krist. Und schließe von außen zu, daß sie mich nicht wegtragen."

„Ih, se wihren doch nich ..."

Und Schach hörte bald danach die Pantinen, wie sie den Korridor hinunterklapperten. Ehe Krist aber die Giebeltür noch erreicht und von außen her zugeschlossen haben konnte, legte sich's schwer und bleiern auf seines Herrn überreiztes Gehirn.

Freilich nicht auf lang. Aller auf ihm lastenden Schwere zum Trotz, empfand er deutlich, daß etwas über ihn hinsumme, ihn streife und kitzle, und als ein Sichdrehen und Wenden und selbst ein unwillkürliches und halbverschlafenes Umherschlagen mit der Hand nichts helfen wollte, riß er sich endlich auf und zwang sich ins Wachen zurück. Und nun sah er, was es war. Die beiden eben verschwelenden Lichter, die mit ihrem Qualme die schon stickige Luft noch stickiger gemacht hatten, hatten allerlei Getier vom Garten her in das Zimmer gelockt, und nur über Art und Beschaffenheit desselben war noch ein Zweifel. Einen Augenblick dachte er an Fledermäuse; sehr bald aber mußt er sich überzeugen, daß es einfach riesige Motten und Nachtschmetterlinge waren, die zu ganzen Dutzenden in dem Saale hin und her flogen, an die Scheiben stießen und vergeblich das offene Fenster wiederzufinden suchten.

Er raffte nun die Decke zusammen und schlug mehrmals durch die Luft, um die Störenfriede wieder hinauszujagen. Aber das unter diesem Jagen und Schlagen immer nur ängstlicher werdende Geziefer schien sich zu verdoppeln und summte nur dichter und lauter als vorher um ihn herum. An Schlaf war nicht mehr zu denken, und so trat er denn ans offene Fenster und sprang hinaus, um, draußen umhergehend, den Morgen abzuwarten.

Er sah nach der Uhr. Halb zwei. Die dicht vor dem Salon gelegene Gartenanlage bestand aus einem Run-
5 dell mit Sonnenuhr, um das herum, in meist dreiecki-
gen und von Buchsbaum eingefaßten Beeten, allerlei Sommerblumen blühten: Reseda und Rittersporn und Lilien und Levkojen. Man sah leicht, daß eine ordnende Hand hier neuerdings gefehlt hatte, trotzdem Krist
10 zu seinen vielfachen Ämtern auch das eines Gärtners zählte; die Zeit indes, die seit dem Tode der Gnädigen vergangen war, war andrerseits eine viel zu kurze noch, um schon zu vollständiger Verwilderung geführt zu haben. Alles hatte nur erst den Charakter eines
15 wuchernden Blühens angenommen, und ein schwerer und doch zugleich auch erquicklicher Levkojenduft lag über den Beeten, den Schach in immer volleren Zügen einsog.

Er umschritt das Rundell, einmal, zehnmal, und ba-
20 lancierte, während er einen Fuß vor den andern setzte, zwischen den nur handbreiten Stegen hin. Er wollte dabei seine Geschicklichkeit proben und die Zeit mit guter Manier hinter sich bringen. Aber diese Zeit wollte nicht schwinden, und als er wieder nach der Uhr sah,
25 war erst eine Viertelstunde vergangen.

Er gab nun die Blumen auf und schritt auf einen der beiden Laubengänge zu, die den großen Parkgarten flankierten und von der Höhe bis fast an den Fuß des Schloßhügels herniederstiegen. An mancher Stelle wa-
30 ren die Gänge nach obenhin überwachsen, an andern aber offen, und es unterhielt ihn eine Weile, den ab-
wechselnd zwischen Dunkel und Licht liegenden Raum in Schritten auszumessen. Ein paarmal erweiterte sich der Gang zu Nischen und Tempelrundungen, in denen
35 allerhand Sandsteinfiguren standen: Götter und Göt-
tinnen, an denen er früher viele hundert Male vorüber-
gegangen war, ohne sich auch nur im geringsten um sie

zu kümmern oder ihrer Bedeutung nachzuforschen;
heut aber blieb er stehen und freute sich besonders
aller derer, denen die Köpfe fehlten, weil sie die dun-
kelsten und unverständlichsten waren und sich am
schwersten erraten ließen. Endlich war er den Lauben- 5
gang hinunter, stieg ihn wieder hinauf und wieder hinunter und stand nun am Dorfausgang und hörte, daß
es zwei schlug. Oder bedeuteten die beiden Schläge
halb, war es halb drei? Nein, es war erst zwei.

Er gab es auf, das Auf und Nieder seiner Promenade 10
noch weiter fortzusetzen und beschrieb lieber einen
Halbkreis um den Fuß des Schloßhügels herum, bis er
in Front des Schlosses selber war. Und nun sah er hinauf und sah die große Terrasse, die, von Orangerie-
kübeln und Zypressenpyramiden eingefaßt, bis dicht an 15
den See hinunterführte. Nur ein schmal Stück Wiese
lag noch dazwischen, und auf eben dieser Wiese stand
eine uralte Eiche, deren Schatten Schach jetzt umschritt,
einmal, vielemal, als würd er in ihrem Bann gehalten.
Es war ersichtlich, daß ihn der Kreis, in dem er ging, 20
an einen andern Kreis gemahnte, denn er murmelte
vor sich hin: Könnt' ich heraus!

Das Wasser, das hier so verhältnismäßig nah an die
Schloßterrasse herantrat, war ein bloßer toter Arm des
Sees, nicht der See selbst. Auf diesen See hinauszu- 25
fahren aber war in seinen Knabenjahren immer seine
höchste Wonne gewesen.

„Ist ein Boot da, so fahr ich." Und er schritt auf den
Schilfgürtel zu, der die tief einmündende Bucht von
drei Seiten her einfaßte. Nirgends schien ein Zugang. 30
Schließlich indes fand er einen überwachsenen Steg, an
dessen Ende das große Sommerboot lag, das seine
Mama viele Jahre lang benutzt hatte, wenn sie nach
Karwe hinüberfuhr, um den Knesebecks einen Besuch
zu machen. Auch Ruder und Stangen fanden sich, 35
während der flache Boden des Boots, um einen trocke-
nen Fuß zu haben, mit hochaufgeschüttetem Binsen-

stroh überdeckt war. Schach sprang hinein, löste die Kette vom Pflock und stieß ab. Irgendwelche Ruderkünste zu zeigen, war ihm vorderhand noch unmöglich, denn das Wasser war so seicht und schmal, daß er bei jedem Schlage das Schilf getroffen haben würde. Bald aber verbreitete sich's, und er konnte nun die Ruder einlegen. Eine tiefe Stille herrschte; der Tag war noch nicht wach, und Schach hörte nichts als ein leises Wehen und Rauschen und den Ton des Wassers, das sich glucksend an dem Schilfgürtel brach. Endlich aber war er in dem großen und eigentlichen See, durch den der Rhin fließt, und die Stelle, wo der Strom ging, ließ sich an einem Gekräusel der sonst spiegelglatten Fläche deutlich erkennen. In diese Strömung bog er jetzt ein, gab dem Boote die rechte Richtung, legte sich und die Ruder ins Binsenstroh und fühlte sofort, wie das Treiben und ein leises Schaukeln begann.

Immer blasser wurden die Sterne, der Himmel rötete sich im Osten, und er schlief ein.

Als er erwachte, war das mit dem Strom gehende Boot schon weit über die Stelle hinaus, wo der tote Arm des Sees nach Wuthenow hin abbog. Er nahm also die Ruder wieder in die Hand und legte sich mit aller Kraft ein, um aus der Strömung heraus und an die verpaßte Stelle zurückzukommen, und freute sich der Anstrengung, die's ihn kostete.

Der Tag war inzwischen angebrochen. Über dem First des Wuthenower Herrenhauses hing die Sonne, während drüben am andern Ufer die Wolken im Widerschein glühten und die Waldstreifen ihren Schatten in den See warfen. Auf dem See selbst aber begann es sich zu regen, und ein die Morgenbrise benutzender Torfkahn glitt mit ausgespanntem Segel an Schach vorüber. Ein Frösteln überlief diesen. Aber dies Frösteln tat ihm wohl, denn er fühlte deutlich, wie der Druck, der auf ihm lastete, sich dabei minderte. „Nahm er es nicht zu schwer? Was war es denn am Ende? Bosheit und Übelwollen. Und wer kann sich *dem* entziehn! Es kommt und geht. Eine Woche noch, und die Bosheit hat sich ausgelebt." Aber während er so sich tröstete, zogen auch wieder andere Bilder herauf, und er sah sich in einem Kutschwagen bei den prinzlichen Herrschaften vorfahren, um ihnen Victoire von Carayon als seine Braut vorzustellen. Und er hörte deutlich, wie die alte Prinzeß Ferdinand ihrer Tochter, der schönen Radziwill, zuflüsterte: „Est-elle riche?" „Sans doute." „Ah, je comprends."

Unter so wechselnden Bildern und Betrachtungen bog er wieder in die kurz vorher so stille Bucht ein, in deren Schilf jetzt ein buntes und bewegtes Leben herrschte. Die darin nistenden Vögel kreischten oder gurrten, ein paar Kiebitze flogen auf, und eine Wildente, die sich neugierig umsah, tauchte nieder, als das Boot plötzlich in Sicht kam. Eine Minute später und Schach hielt wieder am Steg, schlang die Kette fest um den Pflock und stieg unter Vermeidung jedes Umwegs die Terrasse hinauf, auf deren oberstem Absatz er Krists Frau, der alten Mutter Kreepschen, begegnete, die schon auf war, um ihrer Ziege das erste Grünfutter zu bringen.

„Tag, Mutter Kreepschen."

Die Alte schrak zusammen, ihren drinnen im Gartensalon vermuteten jungen Herrn (um dessentwillen sie die Hühner nicht aus dem Stall gelassen hatte, bloß damit ihr Gackern ihn nicht im Schlafe stören sollte) jetzt von der Frontseite des Schlosses her auf sie zukommen zu sehen.

„Jott, junge Herr. Wo kümmen's denn her?"

„Ich konnte nicht schlafen, Mutter Kreepschen."

„Wat wihr denn los? Hätt et wedder spökt?"

„Beinah. Mücken und Motten waren's. Ich hatte das Licht brennen lassen. Und der eine Fensterflügel war auf."

„Awers worümm hebbens denn dat Licht nich ut-

puust? Dat weet doch jed-een, wo Licht is, doa sinn ook
ümmer Gnitzen un Motten. Ick weet nich! Und mien
oll Kreepsch, he woahrd ook ümmer dümmscher. Jei,
jei. Un nich en Oog to."

5   "Doch, Mutter Kreepschen. Ich habe geschlafen, im
Boot, und ganz gut und ganz fest. Aber jetzt frier ich.
Und wenn's Feuer brennt, dann bringt Ihr mir wohl
was Warmes. Nicht wahr? Ne Suppe oder nen Kaffee."

"Jott, et brennt joa all lang, junge Herr; Füer is
10 ümmer dat ihrst. Versteiht sich, versteiht sich, wat
Warm's. Un ick bring et ook glieks; man blot de oll
Zick, de geiht för. Se jloben joar nich, junge Herr,
wie schabernacksch so'n oll Zick is. De weet, as ob se
ne Uhr in'n Kopp hätt, ob et feif is o'r söss'. Un wenn't
15 söss is, denn wohrd se falsch. Un kumm ick denn un
will ehr melken, joa, wat jloben se woll, wat se denn
deiht? Denn stött se mi. Un ümmer hier in't Krüz, dicht
bi de Hüft. Un worümm? Wiel se weet, dat ick doa
miene Wehdag hebben deih. Awers nu kummen's man
20 ihrst in uns' Stuw, un setten sich en beten dahl. Mien
oll Kreepsch is joa nu groad bie't Pierd und schütt't
em wat in. Awers keen Viertelstunn mihr, junge Herr,
denn hebben's Ehren Koffe. Un ook wat dato. De oll
Semmelfru von Herzberg wihr joa all hier."

25   Unter diesen Worten war Schach in Kreepschens
gute Stube getreten. Alles darin war sauber und rein,
nur die Luft nicht. Ein eigentümlicher Geruch herrschte
vor, der von einem Pfeffer- und Koriandermixtum her-
rührte, das die Kreepschen als Mottenvertreibungs-
30 mittel in die Sofaecken gesteckt hatte. Schach öffnete
deshalb das Fenster, kettelte den Haken ein und war
nun erst imstande, sich all der Kleinigkeiten zu freuen,
die die "gute Stube" schmückten. Über dem Sofa hingen zwei kleine Kalenderbildchen, Anekdoten aus dem
35 Leben des Großen Königs darstellend, "Du, du," stand
unter dem einen, und "Bon soir, Messieurs" unter dem
andern. Um die Bilderchen und ihre Goldborte herum

111

hingen zwei dicke Immortellenkränze mit schwarzen und weißen Schleifen daran, während auf dem kleinen, niedrigen Ofen eine Vase mit Zittergras stand. Das Hauptschmuckstück aber war ein Schilderhäuschen mit rotem Dach, in dem früher, aller Wahrscheinlichkeit nach, ein Eichkätzchen gehaust und seinen Futterwagen an der Kette herangezogen hatte. Jetzt war es leer, und der Wagen hatte stille Tage.

Schach war eben mit seiner Musterung fertig, als ihm auch schon gemeldet wurde: „daß drüben alles klar sei".

Und wirklich, als er in den Gartensalon eintrat, der ihm ein Nachtlager so beharrlich verweigert hatte, war er überrascht, was Ordnungssinn und ein Paar freundliche Hände mittlerweile daraus gemacht hatten. Tür und Fenster standen auf, die Morgensonne füllte den Raum mit Licht, und aller Staub war von Tisch und Sofa verschwunden. Einen Augenblick später erschien auch schon Krists Frau mit dem Kaffee, die Semmeln in einen Korb gelegt, und als Schach eben den Deckel von der kleinen Meißner Kanne heben wollte, klangen vom Dorfe her die Kirchenglocken herauf.

„Was ist denn *das*?" fragte Schach. „Es kann ja kaum sieben sein."

„Justement sieben, junge Herr."

„Aber sonst war es doch erst um elf. Und um zwölfe dann Predigt."

„Joa, so wihr et. Awers nu nich mihr. Un ümmer den dritt'n Sünndag is et anners. Twee Sünndag, wenn de Radenslebensche kümmt, denn is't um twölwen, wiel he joa ihrst in Radensleben preestern deiht, awers den dritten Sünndag, wenn de oll Ruppinsche röwer kümmt, denn is et all um achten. Un ümmer, wenn uns' oll Kriwitz von sine Turmluk' ut unsen Ollschen von dröwen abstötten seiht, denn treckt he joa sien Klock. Und dat's ümmer um seb'n."

„Wie heißt denn jetzt der Ruppinsche?"

„Na, wie sall he heten? He heet ümmer noch so. Is joa ümmer noch de oll Bienengräber."

„Bei dem bin ich ja eingesegnet. War immer ein sehr guter Mann."

5 „Joa, dat is he. Man blot, he hett keene Teihn mihr, ook nich een', un nu brummelt un mummelt he ümmerto, un keen Minsch versteiht em."

„Das ist gewiß nicht so schlimm, Mutter Kreepschen. Aber die Leute haben immer was auszusetzen. Und 10 nun gar erst die Bauern! Ich will hingehen und mal wieder nachsehen, was mir der alte Bienengräber zu sagen hat, mir und den andern. Hat er denn noch in seiner Stube das große Hufeisen, dran ein Zehnpfundgewicht hing? Das hab ich mir immer angesehen, wenn 15 ich nicht aufpaßte."

„Dat woahrd he woll noch hebben. De Jungens passen joa all' nich upp."

Und nun ging sie, um ihren jungen Herrn nicht länger zu stören, und versprach ihm ein Gesangbuch zu 20 bringen.

Schach hatte guten Appetit und ließ sich die Herzberger Semmeln schmecken. Denn seit er Berlin verlassen, war noch kein Bissen über seine Lippen gekommen. Endlich aber stand er auf, um in die Gartentür 25 zu treten, und sah von hier aus über das Rundell und die Buchsbaumrabatten und weiter dahinter über die Baumwipfel des Parkes fort, bis sein Auge schließlich auf einem sonnenbeschienenen Storchenpaar ausruhte, das unten, am Fuße des Hügels, über eine mit Ampfer 30 und Ranunkeln rot und gelb gemusterte Wiese hinschritt.

Er verfiel im Anblicke dieses Bildes in allerlei Betrachtungen; aber es läutete gerade zum dritten Male, und so ging er denn ins Dorf hinunter, um von dem 35 herrschaftlichen Chorstuhl aus zu hören, „was ihm der alte Bienengräber zu sagen habe".

Bienengräber sprach gut genug, so recht aus dem

113

Herzen und der Erfahrung heraus, und als der letzte
Vers gesungen und die Kirche wieder leer war, wollte
Schach auch wirklich in die Sakristei gehen, dem Alten
danken für manches gute Wort aus längst vergangener
Zeit her und ihn in seinem Boot über den See hin zu- 5
rückbegleiten. Unterwegs aber wollt er ihm alles sagen,
ihm beichten und seinen Rat erbitten. Er würde schon
Antwort wissen. Das Alter sei allemal weise, und wenn
nicht von Weisheits, so doch bloß von Alters wegen.
„Aber", unterbrach er sich mitten in diesem Vorsatze, 10
„was soll mir schließlich seine Antwort? Hab ich diese
Antwort nicht schon vorweg? Hab ich sie nicht in mir
selbst? Kenn ich nicht die Gebote? Was mir fehlt, ist
bloß die Lust, ihnen zu gehorchen."

Und während er so vor sich hinredete, ließ er den 15
Plan eines Zwiegesprächs fallen und stieg den Schloß-
berg wieder hinauf.

Er hatte von dem Gottesdienst in der Kirche nichts
abgehandelt, und *doch* schlug es erst zehn, als er wieder oben anlangte. 20

Hier ging er jetzt durch alle Zimmer, einmal, zwei-
mal, und sah sich die Bilder aller der Schachs an, die
zerstreut und in Gruppen an den Wänden umherhin-
gen. Alle waren in hohen Stellungen in der Armee
gewesen, alle trugen sie den Schwarzen Adler oder den 25
pour le mérite. *Das* hier war der General, der bei Mal-
plaquet die große Redoute nahm, und *das* hier war
das Bild seines eigenen Großvaters, des Obersten im
Regiment Itzenplitz, der den Hochkirchner Kirchhof
mit vierhundert Mann eine Stunde lang gehalten hatte. 30
Schließlich fiel er, zerhauen und zerschossen, wie alle
die, die mit ihm waren. Und dazwischen hingen die
Frauen, einige schön, am schönsten aber seine Mutter.

Als er wieder in dem Gartensalon war, schlug es
zwölf. Er warf sich in die Sofaecke, legte die Hand 35
über Aug und Stirn und zählte die Schläge. „Zwölf.
Jetzt bin ich zwölf Stunden hier, und mir ist, als wären

es zwölf Jahre... Wie wird es sein? Alltags die
Kreepschen und sonntags Bienengräber oder der Radenslebensche, was keinen Unterschied macht. Einer wie
der andre. Gute Leute, versteht sich, alle gut... Und
5 dann gehe ich mit Victoire durch den Garten, und aus
dem Park auf die Wiese, dieselbe Wiese, die wir vom
Schloß aus immer und ewig und ewig und immer sehen
und auf der der Ampfer und die Ranunkeln blühen.
Und dazwischen spazieren die Störche. Vielleicht sind
10 wir allein; aber vielleicht läuft auch ein kleiner Drei-
jähriger neben uns her und singt in einem fort: ‚Adebar,
du Bester, bring mir eine Schwester.‘ Und meine Schloß-
herrin errötet und wünscht sich das Schwesterchen *auch*.
Und endlich sind elf Jahre herum, und wir halten an
15 der ‚ersten Station‘, an der ersten Station, die die
‚stroherne Hochzeit‘ heißt. Ein sonderbares Wort. Und
dann ist auch allmählich die Zeit da, sich malen zu
lassen, malen zu lassen für die Galerie. Denn wir
dürfen doch am Ende nicht fehlen! Und zwischen die
20 Generäle rück ich dann als Rittmeister ein, und zwischen die schönen Frauen kommt Victoire. Vorher aber
hab ich eine Konferenz mit dem Maler und sag ihm: ‚Ich
rechne darauf, daß Sie den *Ausdruck* zu treffen wissen.
Die Seele macht ähnlich.‘ Oder soll ich ihm geradezu
25 sagen: ‚Machen Sie's gnädig‘ ... Nein, nein!"

XV

Die Schachs und die Carayons

Was immer geschieht, geschah auch diesmal: die Carayons erfuhren nichts von dem, was die halbe Stadt
30 wußte. Dienstag, wie gewöhnlich, erschien Tante Marguerite, fand Victorien „um dem Kinn etwas spitz"
und warf im Laufe der Tischunterhaltung hin: „Wißt

ihr denn schon, es sollen ja Karikatüren erschienen sein?"

Aber dabei blieb es, da Tante Marguerite jenen alten Gesellschaftsdamen zuzählte, die nur immer von allem „gehört haben", und als Victoire fragte: *Was* denn, liebe Tante?" wiederholte sie nur: „Karikatüren, liebes Kind. Ich weiß es ganz genau." Und damit ließ man den Gesprächsgegenstand fallen.

Es war gewiß ein Glück für Mutter und Tochter, daß sie von den Spott- und Zerrbildern, deren Gegenstand sie waren, nichts in Erfahrung brachten; aber für den *Dritt*beteiligten, für Schach, war es ebenso gewiß ein Unglück und eine Quelle neuer Zerwürfnisse. Hätte Frau von Carayon, als deren schönster Herzenszug ein tiefes Mitgefühl gelten konnte, nur die kleinste Vorstellung von all dem Leid gehabt, das, die ganze Zeit über, über ihren Freund ausgeschüttet worden war, so würde sie von der ihm gestellten Forderung zwar nicht Abstand genommen, aber ihm doch Aufschub gewährt und Trost und Teilnahme gespendet haben; ohne jede Kenntnis jedoch von dem, was inzwischen vorgefallen war, aigrierte sie sich gegen Schach immer mehr und erging sich von dem Augenblick an, wo sie von seinem Rückzug nach Wuthenow erfuhr, über seinen „Wort- und Treubruch", als den sie's ansah, in den heftigsten und unschmeichelhaftesten Ausdrücken.

Es war sehr bald, daß sie von diesem Rückzuge hörte. Denselben Abend noch, an dem Schach seinen Urlaub angetreten hatte, ließ sich Alvensleben bei den Carayons melden. Victoire, der jede Gesellschaft peinlich war, zog sich zurück, Frau von Carayon aber ließ bitten und empfing ihn mit besonderer Herzlichkeit.

„Daß ich Ihnen sagen könnte, lieber Alvensleben, wie sehr ich mich freue, Sie nach so vielen Wochen einmal wiederzusehen. Eine Welt von Dingen hat sich seitdem zugetragen. Und ein Glück, daß Sie standhaft blieben, als man Ihnen den Luther aufzwingen wollte. Das hätte mir Ihr Bild ein für allemal verdorben."

„Und doch, meine Gnädigste, schwankt ich einen Augenblick, ob ich ablehnen sollte."

„Und weshalb?"

„Weil unser beiderseitiger Freund unmittelbar vorher abgelehnt hatte. Nachgerade widersteht es mir, immer wieder und wieder in seine Fußtapfen zu treten. Gibt es ihrer doch ohnehin schon genug, die mich einfach als seinen Abklatsch bezeichnen, an der Spitze Zieten, der mir erst neulich wieder zurief: ‚Hüten Sie sich, Alvensleben, daß Sie nicht als Schach II. in die Rang- und Quartierliste kommen.‘"

„Was nicht zu befürchten steht. Sie sind eben doch anders."

„Aber nicht besser."

„Wer weiß."

„Ein Zweifel, der mich aus dem Munde meiner schönen Frau von Carayon einigermaßen überrascht und unserem verwöhnten Freunde, wenn er davon hörte, seine Wuthenower Tage vielleicht verleiden würde."

„Seine Wuthenower Tage?"

„Ja, meine Gnädigste. Mit unbestimmtem Urlaub. Und Sie wissen nicht davon? Er wird sich doch nicht ohne vorgängigen Abschied von Ihnen in sein altes Seeschloß zurückgezogen haben, von dem Nostitz neulich behauptete, daß es halb Wurmfraß und halb Romantik sei."

„Und doch ist es geschehen. Er ist launenhaft, wie Sie wissen." Sie wollte mehr sagen, aber es gelang ihr, sich zu bezwingen und das Gespräch über allerhand Tagesneuigkeiten fortzusetzen, bei welcher Gelegenheit Alvensleben zu seiner Beruhigung wahrnahm, daß sie von der Haupttagesneuigkeit, von dem Erscheinen der Bilder, nicht das geringste wußte. Wirklich, es war der Frau von Carayon auch in der zwischenliegenden halben Woche nicht einen Augenblick in den Sinn gekommen, etwas Näheres über das von dem Tantchen Angedeutete hören zu wollen.

Endlich empfahl sich Alvensleben, und Frau von Carayon, alles Zwanges nunmehr los und ledig, eilte, während Tränen ihren Augen entstürzten, in Victoirens Zimmer, um ihr die Mitteilung von Schachs Flucht zu machen. Denn eine Flucht war es.

Victoire folgte jedem Wort. Aber, ob es nun ihre Hoffnung und Zuversicht oder umgekehrt ihre Resignation war, gleichviel, sie blieb ruhig.

„Ich bitte dich, urteile nicht zu früh. Ein Brief von ihm wird eintreffen und über alles Aufklärung geben. Laß es uns abwarten; du wirst sehn, daß du deinem Verdacht und deiner Verstimmung gegen ihn mehr nachgegeben hast, als recht und billig war."

Aber Frau von Carayon wollte sich nicht umstimmen lassen.

„Ich kannt' ihn schon, als du noch ein Kind warst. Nur zu gut. Er ist eitel und hochfahrend, und die prinzlichen Höfe haben ihn vollends überschraubt. Er verfällt mehr und mehr ins Ridiküle. Glaube mir, er will Einfluß haben und zieht sich im stillen irgendeinen politischen oder gar staatsmännischen Ehrgeiz groß. Was mich am meisten verdrießt, ist das, er hat sich plötzlich auf seinen Obotritenadel besonnen und fängt an, sein Schach- oder Schachentum für etwas ganz Besonderes in der Weltgeschichte zu halten."

„Und tut damit nicht mehr, als was *alle* tun ... Und die Schachs sind doch *wirklich* eine alte Familie."

„Daran mag er denken und das Pfauenrad schlagen, wenn er über seinen Wuthenower Hühnerhof hingeht. Und solche Hühnerhöfe gibt es hier überall. Aber, was soll *uns* das? Oder zum wenigsten, was soll es *dir*? An mir hätt' er vorbeistolzieren und der bürgerlichen Generalpächterstochter, der kleinen Roturière, den Rücken kehren können. Aber du, Victoire, du; du bist nicht

118

bloß meine Tochter, du bist auch deines Vaters Tochter, du bist eine *Carayon!*"

Victoire sah die Mama mit einem Anfluge schelmischer Verwunderung an.

5 „Ja, lache nur, Kind, lache laut, ich verüble dir's nicht. Hast du mich doch selber oft genug über diese Dinge lachen sehen. Aber, meine süße Victoire, die Stunden sind nicht gleich, und heute bitt ich deinem Vater ab und dank ihm von Herzen, weil er mir in 10 seinem Adelsstolze, mit dem er mich zur Verzweiflung gebracht und aus seiner Nähe hinweg gelangweilt hat, eine willkommene Waffe gegen diesen mir unerträglichen Dünkel in die Hand gibt. Schach, Schach! Was ist Schach? Ich kenn ihre Geschichte nicht und *will* sie 15 nicht kennen, aber ich wette diese meine Brosche gegen eine Stecknadel, daß du, wenn du das ganze Geschlecht auf die Tenne wirfst, da, wo der Wind am schärfsten geht, daß nichts übrigbleibt, sag ich, als ein halbes Dutzend Obersten und Rittmeister, alle devotest er- 20 storben und alle mit einer Pontaknase. Lehre mich *diese* Leute kennen!"

„Aber, Mama . . ."

„Und nun die Carayons! Es ist wahr, ihre Wiege hat nicht an der Havel und nicht einmal an der Spree ge- 25 standen, und weder im Brandenburger noch im Havelberger Dom ist je geläutet worden, wenn einer von ihnen kam oder ging. Oh, ces pauvres gens, ces malheureux Carayons! Sie hatten ihre Schlösser, beiläufig *wirkliche* Schlösser, so bloß armselig an der Gironde hin, waren 30 bloß Girondins, und deines Vaters leibliche Vettern fielen unter der Guillotine, weil sie treu und frei zugleich waren und uneingeschüchtert durch das Geschrei des Berges für das Leben ihres Königs gestimmt hatten."

Immer verwunderter folgte Victoire.

35 „Aber", fuhr Frau von Carayon fort, „ich will nicht von Jüngstgeschehenem sprechen, will nicht sprechen von *heute*. Denn ich weiß wohl, das Vonheutesein ist immer

119

ein Verbrechen in den Augen derer, die schon gestern da waren, gleichviel *wie*. Nein, ich will von alten Zeiten sprechen, von Zeiten, als der erste Schach ins Land und an den Ruppiner See kam, und einen Wall und Graben zog, und eine lateinische Messe hörte, von der er nichts verstand. Eben damals zogen die Carayons, ces pauvres et malheureux Carayons, mit vor Jerusalem und eroberten es und befreiten es. Und als sie heimkamen, da kamen Sänger an ihren Hof, und sie sangen selbst, und als Victoire de Carayon (ja, sie hieß auch Victoire) sich dem großen Grafen von Lusignan vermählte, dessen erlauchter Bruder Großprior des hohen Ordens vom Spital und endlich König von Zypern war, da waren wir mit einem Königshause versippt und verschwägert, mit den Lusignans, aus deren großem Hause die schöne Melusine kam, unglücklichen, aber Gott sei Dank unprosaischen Angedenkens. Und von uns Carayons, die wir ganz andere Dinge gesehen haben, will sich dieser Schach abwenden und sich hochmütig zurückziehen? *Unserer* will er sich schämen? Er, Schach. Will er es als Schach oder will er es als Grundherr von Wuthenow? Ah, bah! Was ist es denn mit beiden? Schach ist ein blauer Rock mit einem roten Kragen und Wuthenow ist eine Lehmkate."

„Mama, glaube mir, du tust ihm unrecht. Ich such es nach einer andern Seite hin. Und da *find* ich es auch."

Frau von Carayon beugte sich zu Victoire nieder und küßte sie leidenschaftlich. „Ach, wie gut du bist, viel, viel besser als deine Mama. Und nur *eines* ist gut an ihr, daß sie dich liebt. Er aber sollte dich *auch* lieben! Schon um deiner Demut willen."

Victoire lächelte.

„Nein, nicht so. Der Glaube, daß du verarmt und ausgeschieden seiest, beherrscht dich mit der Macht einer fixen Idee. Du *bist* nicht so verarmt. Und auch er ..."

Sie stockte.

„Sieh, du warst ein schönes Kind, und Alvensleben hat mir erzählt, in welch enthusiastischen Worten der Prinz erst neulich wieder von deiner Schönheit auf dem Massowschen Balle gesprochen habe. Das ist nicht hin, davon blieb dir, und jeder muß es finden, der ihm liebevoll in deinen Zügen nachzugehen den Sinn und das Herz hat. Und wenn wer dazu verpflichtet ist, so ist er's! Aber er sträubt sich, denn so hautain er ist, so konventionell ist er. Ein kleiner ängstlicher Aufmerker. Er hört auf das, was die Leute sagen, und wenn das ein Mann tut (*wir* müssen's), so heiß ich das Feigheit und lâcheté. Aber er soll mir Rede stehen. Ich habe meinen Plan jetzt fertig und will ihn demütigen, so gewiß er *uns* demütigen wollte."

Frau von Carayon kehrte nach diesem Zwiegespräch in das Eckzimmer zurück, setzte sich an Victoirens kleinen Schreibtisch und schrieb:

„Einer Mitteilung Herrn von Alvenslebens entnehm ich, daß Sie, mein Herr von Schach, heute, Sonnabend abend, Berlin verlassen und sich für einen Landaufenthalt in Wuthenow entschieden haben. Ich habe keine Veranlassung, Ihnen diesen Landaufenthalt zu mißgönnen oder Ihre Berechtigung dazu zu bestreiten, muß aber Ihrem Rechte *das* meiner Tochter gegenüberstellen. Und so gestatten Sie mir denn, Ihnen in Erinnerung zu bringen, daß die Veröffentlichung des Verlöbnisses für morgen, Sonntag, zwischen uns verabredet worden ist. Auf diese Veröffentlichung besteh ich auch heute noch. Ist sie bis Mittwoch früh nicht erfolgt, erfolgen meinerseits andre, durchaus selbständige Schritte. So sehr dies meiner Natur widerspricht (Victoirens ganz zu geschweigen, die von diesem meinem Schreiben nichts weiß und nur bemüht sein würde, mich daran zu hindern), so lassen mir doch die Verhältnisse, die Sie, das mindeste zu sagen, nur zu gut kennen, keine Wahl. Also bis auf Mittwoch! Josephine von Carayon."

Sie siegelte den Brief und übergab ihn persönlich einem Boten mit der Weisung, sich bei Tagesanbruch nach Wuthenow hin auf den Weg zu machen.

Auf Antwort zu warten war ihm eigens untersagt worden.

XVI

Frau von Carayon und der alte Köckritz

Der Mittwoch kam und ging, ohne daß ein Brief Schachs oder gar die geforderte Verlobungsankündigung erschienen wäre. Frau von Carayon hatte dies nicht anders erwartet und ihre Vorbereitungen daraufhin getroffen.

Am Donnerstag früh hielt ein Wagen vor ihrem Hause, der sie nach Potsdam hinüber führen sollte, wo sich der König seit einigen Wochen aufhielt. Sie hatte vor, einen Fußfall zu tun, ihm den ihr widerfahrenen Affront vorzustellen und seinen Beistand anzurufen. Daß es in des Königs Macht stehen werde, diesen Beistand zu gewähren und einen Ausgleich herbeizuführen, war ihr außer Zweifel. Auch über die Mittel und Wege, sich Sr. Majestät zu nähern, hatte sie nachgedacht und mit gutem Erfolge. Sie kannte den Generaladjutanten von Köckritz, der vor dreißig Jahren und länger als ein junger Leutnant oder Stabskapitän in ihrem elterlichen Hause verkehrt und der "kleinen Josephine", dem allgemeinen Verzuge, manche Bonbonniere geschenkt hatte. Der war jetzt Liebling des Königs, einflußreichste Person seiner nächsten Umgebung, und durch *ihn,* zu dem sie wenigstens in oberflächlichen Beziehungen geblieben war, hoffte sie sich einer Audienz versichert halten zu dürfen.

Um die Mittagsstunde war Frau von Carayon drüben, stieg im "Einsiedler" ab, ordnete ihre Toilette

und begab sich sofort ins Schloß. Aber hier mußte sie
von einem zufällig die Freitreppe herabkommenden
Kammerherrn in Erfahrung bringen, daß Seine Majestät Potsdam bereits wieder verlassen und sich zur
5 Begrüßung Ihrer Majestät der Königin, die tags darauf aus Bad Pyrmont zurückzukehren gedenke, nach
Paretz begeben habe, wo man, frei vom Zwange des
Hofes, eine Woche lang in glücklicher Zurückgezogen-
heit zu verleben gedenke.

10 Das war nun freilich eine böse Nachricht. Wer sich
zu einem peinlichen Gange (und wenn es der „hoch-
notpeinlichste" wäre) anschickt und mit Sehnsucht auf
das Schreckensende wartet, für den ist nichts härter als
Vertagung. Nur rasch, rasch! Eine kurze Strecke geht
15 es, aber dann versagen die Nerven.

Schweren Herzens und geängstigt durch die Vorstellung, daß ihr dieser Fehlschlag vielleicht einen
Fehlschlag überhaupt bedeute, kehrte Frau von Carayon in das Gasthaus zurück. An eine Fahrt nach
20 Paretz hinaus war für heute nicht mehr zu denken, um
so weniger, als zu so später Nachmittagszeit unmöglich
noch eine Audienz erbeten werden konnte. So denn
also warten bis morgen! Sie nahm ein kleines Diner,
setzte sich wenigstens zu Tisch und schien entschlossen,
25 die langen, langen Stunden in Einsamkeit auf ihrem
Zimmer zu verbringen. Aber die Gedanken und Bilder,
die vor ihr aufstiegen, und vor allem die feierlichen
Ansprachen, die sie sich zum hundertsten Male wiederholte, so lange wiederholte, bis sie zuletzt fühlte, sie
30 werde, wenn der Augenblick da sei, kein einziges Wort
hervorbringen können – alles das gab ihr zuletzt den
gesunden Entschluß ein, sich gewaltsam aus ihren Grü-
beleien herauszureißen und in den Straßen und Um-
gebungen der Stadt umherzufahren. Ein Lohndiener
35 erschien denn auch, um ihr seine Dienste zur Verfügung zu stellen, und um die sechste Stunde hielt eine
mittelelegante Mietchaise vor dem Gasthause, da sich

das von Berlin her benutzte Gefährt, nach seiner halb-
tägigen Anstrengung im Sommersand, als durchaus
ruhebedürftig herausgestellt hatte.

„Wohin befehlen gnädige Frau?"

„Ich überlaß es Ihnen. Nur keine Schlösser oder doch
so wenig wie möglich; aber Park und Garten und Wasser und Wiesen."

„Ah, je comprends", radebrechte der Lohndiener,
der sich daran gewöhnt hatte, seine Fremden ein für
allemal als Halbfranzosen zu nehmen oder vielleicht
auch dem französischen Namen der Frau von Carayon
einige Berücksichtigung schuldig zu sein glaubte. „Je
comprends." Und er gab dem in einem alten Tressen-
hut auf dem Bock sitzenden Kutscher Order, zunächst
in den „Neuen Garten" zu fahren.

In dem „Neuen Garten" war es wie tot, und eine
dunkle, melancholische Zypressenallee schien gar kein
Ende nehmen zu wollen. Endlich lenkte man nach
rechts hin in einen neben einem See hinlaufenden Weg
ein, dessen einreihig gepflanzte Bäume mit ihrem weit
ausgestreckten und niederhängenden Gezweige den
Wasserspiegel berührten. In dem Gitterwerke der Blätter aber glomm und glitzerte die niedergehende Sonne.
Frau von Carayon vergaß über dieser Schönheit all ihr
Leid und fühlte sich dem Zauber derselben erst wieder
entrissen, als der Wagen aus dem Uferweg abermals in
den großen Mittelgang einbog und gleich danach vor
einem aus Backstein aufgeführten, im übrigen aber mit
Gold und Marmor reich geschmückten Hause hielt.

„Wem gehört es?"

„Dem König."

„Und wie heißt es?"

„Das Marmorpalais."

„Ah, das Marmorpalais. Das ist also das Palais . . ."

„Zu dienen, gnädige Frau. Das ist das Palais, in dem
weiland Seine Majestät König Friedrich Wilhelm der
Zweite seiner langen und schmerzlichen Wassersucht

allerhöchst erlag. Und steht auch noch alles ebenso,
wie's damals gestanden hat. Ich kenne das Zimmer
ganz genau, wo der gute, gnädige Herr immer ‚den
Lebensgas' trank, den ihm der Geheimrat Hufeland in
einem kleinen Ballon ans Bett bringen ließ oder vielleicht auch bloß in einer Kalbsblase. Wollen die gnädige Frau das Zimmer sehen? Es ist freilich schon spät.
Aber ich kenne den Kammerdiener, und er tut es, denk
ich, auf meinen Empfehl ... versteht sich ... Und ist
auch dasselbe kleine Zimmer, worin sich eine Figur von
der Frau Rietz oder, wie manche sagen, von der Mam-
sell Encken oder der Gräfin Lichtenau befindet, das
heißt, nur eine kleine Figur, so bloß bis an die Hüften
oder noch weniger."

Frau von Carayon dankte. Sie war bei dem Gange,
der ihr für morgen bevorstand, nicht in der Laune, das
Allerheiligste der Rietz oder auch nur ihre Porträt-
büste kennenlernen zu wollen. Sie sprach also den
Wunsch aus, immer weiter in den Park hineinzufahren,
und ließ erst umkehren, als schon die Sonne nieder war
und ein kühlerer Luftton den Abend ankündigte.
Wirklich, es schlug neun, als man auf der Rückfahrt an
der Garnisonskirche vorüberkam, und ehe noch das
Glockenspiel seinen Choral ausgespielt hatte, hielt der
Wagen wieder vor dem „Einsiedler".

Die Fahrt hatte sie gekräftigt und ihr ihren Mut
zurückgegeben. Dazu kam eine wohltuende Müdigkeit
und sie schlief besser als seit lange. Selbst was sie
träumte, war hell und licht.

Am andern Morgen erschien, wie verabredet, ihre
nun wieder ausgeruhte Berliner Equipage vor dem
Hotel; da sie jedoch allen Grund hatte, der Kenntnis
und Umsicht ihres eigenen Kutschers zu mißtrauen,
engagierte sie, wie zur Aushilfe, denselben Lohndiener
wieder, der sich gestern, aller kleinen Eigenheiten seines Standes unerachtet, so vorzüglich bewährt hatte.
Das gelang ihm denn auch heute wieder. Er wußte von

jedem Dorf und Lustschloß, an dem man vorüberkam, zu berichten, am meisten von Marquardt, aus dessen Parke, zu wenigstens vorübergehendem Interesse der Frau von Carayon, jenes Gartenhäuschen hervorschimmerte, darin unter Zutun und Anleitung des Generals von Bischofswerder dem „dicken Könige" (wie sich der immer konfidentieller werdende Cicerone jetzt ohne weiteres ausdrückte) die Geister erschienen waren.

Eine Viertelmeile hinter Marquardt hatte man die „Wublitz", einen von Mummeln überblühten Havelarm, zu passieren, dann folgten Äcker und Wiesengründe, die hoch in Gras und Blumen standen, und ehe noch die Mittagsstunde heran war, war ein Brückensteg und alsbald auch ein offenstehendes Gittertor erreicht, das den Paretzer Parkeingang bildete.

Frau von Carayon, die sich ganz als Bittstellerin empfand, ließ in dem ihr eigenen, feinen Gefühl an dieser Stelle halten und stieg aus, um den Rest des Weges zu Fuß zu machen. Es war nur eine kleine, sonnenbeschienene Strecke noch, aber gerade das Sonnenlicht war ihr peinlich, und so hielt sie sich denn seitwärts unter den Bäumen hin, um nicht vor der Zeit gesehen zu werden.

Endlich indes war sie bis an die Sandsteinstufen des Schlosses heran und schritt sie tapfer hinauf. Die Nähe der Gefahr hatte ihr einen Teil ihrer natürlichen Entschlossenheit zurückgegeben.

„Ich wünsche den General von Köckritz zu sprechen", wandte sie sich an einen im Vestibül anwesenden Lakaien, der sich gleich beim Eintritt der schönen Dame von seinem Sitz erhoben hatte.

„Wen hab ich dem Herrn General zu melden?"

„Frau von Carayon."

Der Lakai verneigte sich und kam mit der Antwort zurück: Der Herr General lasse bitten, in das Vorzimmer einzutreten.

Frau von Carayon hatte nicht lange zu warten. General von Köckritz, von dem die Sage ging, daß er außer seiner leidenschaftlichen Liebe zu seinem König keine weitere Passion als eine Pfeife Tabak und einen Rubber Whist habe, trat ihr von seinem Arbeitszimmer her entgegen, entsann sich sofort der alten Zeit und bat sie mit verbindlichster Handbewegung, Platz zu nehmen. Sein ganzes Wesen hatte so sehr den Ausdruck des Gütigen und Vertrauenerweckenden, daß die Frage nach seiner Klugheit nur sehr wenig daneben bedeutete. Namentlich für solche, die, wie Frau von Carayon, mit einem Anliegen kamen. Und das sind bei Hofe die meisten. Er bestätigte durchaus die Lehre, daß eine *wohlwollende* Fürstenumgebung einer geistreichen immer weit vorzuziehen ist. Nur freilich sollen diese fürstlichen Privatdiener nicht auch Staatsdiener sein und nicht mitbestimmen und mitregieren wollen.

General von Köckritz hatte sich so gesetzt, daß ihn Frau von Carayon im Profil hatte. Sein Kopf steckte halb in einem überaus hohen und steifen Uniformkragen, aus dem nach vorn hin ein Jabot quoll, während nach hinten ein kleiner, sauber behandelter Zopf fiel. Dieser schien ein eigenes Leben zu führen und bewegte sich leicht und mit einer gewissen Koketterie hin und her, auch wenn an dem Manne selbst nicht die geringste Bewegung wahrzunehmen war.

Frau von Carayon, ohne den Ernst ihrer Lage zu vergessen, erheiterte sich doch offenbar an diesem eigentümlich neckischen Spiel, und erst einmal ins Heitere gekommen, erschien ihr das, was ihr oblag, um vieles leichter und bezwingbarer, und befähigte sie, mit Freimut über all und jedes zu sprechen, auch über *das,* was man als den „delikaten Punkt" in ihrer oder ihrer Tochter Angelegenheit bezeichnen konnte.

Der General hatte nicht nur aufmerksam, sondern auch teilnahmevoll zugehört und sagte, als Frau von Carayon schwieg: „Ja, meine gnädigste Frau, das sind sehr fatale Sachen, Sachen, von denen Seine Majestät nicht zu hören liebt, weshalb ich im allgemeinen darüber zu schweigen pflege, wohlverstanden, solange nicht Abhilfe zu schaffen und überhaupt nichts zu bessern ist. Hier aber *ist* zu bessern, und ich würde meine Pflicht versäumen und Seiner Majestät einen schlechten Dienst erweisen, wenn ich ihm einen Fall wie den Ihrigen vorenthalten oder, da Sie selber gekommen sind, Ihre Sache vorzutragen, Sie, meine gnädigste Frau, durch künstlich erfundene Schwierigkeiten an solchem Vortrage behindern wollte. Denn solche Schwierigkeiten sind allemalen erfundene Schwierigkeiten in einem Lande wie das unsere, wo von alter Zeit her die Fürsten und Könige das Recht ihres Volkes wollen und nicht gesonnen sind, der Forderung eines solchen Rechtes bequem aus dem Wege zu gehen. Am allerwenigsten aber mein Allergnädigster König und Herr, der ein starkes Gefühl für das *Ebenmäßige* des Rechts und eben deshalb einen wahren Widerwillen und rechten Herzensabscheu gegen alle *die*jenigen hat, die sich, wie manche Herren Offiziers, insonderheit aber die sonst so braven und tapferen Offiziers von Dero Regiment Gensdarmes, aus einem schlechten Dünkel allerlei Narretei zu permittieren geneigt sind, und es für angemessen und löblich oder doch zum mindesten für nicht unstatthaft halten, das Glück und den Ruf anderer ihrem Übermut und ihrer schlechten moralité zu opfern."

Frau von Carayons Augen füllten sich mit Tränen. „Que vous êtes bon, mon cher Général."

„Nicht ich, meine teure Frau. Aber mein Allergnädigster König und Herr, *der* ist gut. Und ich denke, Sie sollen den Beweis dieser seiner Herzensgüte bald in Händen halten, trotzdem wir heut einen schlimmen oder sagen wir lieber einen schwierigen Tag haben. Denn, wie Sie vielleicht schon in Erfahrung gebracht haben, der König erwartet in wenig Stunden die Königin zurück, um nicht gestört zu werden in der

Freude des Wiedersehens, *des*halb befindet er sich hier, *des*halb ist er hierher gegangen, nach Paretz. Und nun läuft ihm in dies Idyll ein Rechtsfall und eine Streitsache nach. Und eine Streitsache von so delikater Natur.
5 Ja, wirklich ein Schabernack ist es und ein rechtes Schnippchen, das ihm die Laune der Frau Fortuna schlägt. Er will sich seines Liebesglückes freuen (Sie wissen, wie sehr er die Königin liebt), und in demselben Augenblicke fast, der ihm sein Liebesglück bringen soll,
10 hört er eine Geschichte von unglücklicher Liebe. Das verstimmt ihn. Aber er ist zu gütig, um dieser Verstimmung nicht Herr zu werden, und treffen wir's nur einigermaßen leidlich, so müssen wir uns aus eben diesem Zusammentreffen auch noch einen besonderen Vor-
15 teil zu ziehen wissen. Denn das eigne Glück, das er erwartet, wird ihn nur noch geneigter machen als sonst, das getrübte Glück andrer wiederherzustellen. Ich kenn ihn ganz in seinem Rechtsgefühl und in der Güte seines Herzens. Und so geh ich denn, meine teure Frau, Sie
20 bei dem Könige zu melden."

Er hielt aber plötzlich wie nachdenkend inne, wandte sich noch einmal wieder und setzte hinzu: „Irr ich nicht, so hat er sich eben in den Park begeben. Ich kenne seinen Lieblingsplatz. Lassen Sie mich also sehen.
25 In wenig Minuten bring ich Ihnen Antwort, ob er Sie hören will oder nicht. Und nun noch einmal, seien Sie guten Mutes! Sie dürfen es."

Und damit nahm er Hut und Stock und trat durch eine kleine Seitentür unmittelbar in den Park hinaus.
30 In dem Empfangszimmer, in dem Frau von Carayon zurückgeblieben war, hingen allerlei Buntdruckbilder, wie sie damals von England her in der Mode waren: Engelsköpfe von Josua Reynolds, Landschaften von Gainsborough, auch ein paar Nachbildungen italieni-
35 scher Meisterwerke, darunter eine büßende Magdalena. War es die von Correggio? Das wundervoll tiefblau getönte Tuch, das die Büßende halb verhüllte, fesselte Frau

129

von Carayons Aufmerksamkeit, und sie trat heran, um sich über den Maler zu vergewissern. Aber ehe sie noch seinen Namen entziffern konnte, kehrte der alte General zurück und bat seinen Schützling, ihm zu folgen.

Und so traten sie denn in den Park, drin eine tiefe Stille herrschte. Zwischen Birken und Edeltannen hin schlängelte sich der Weg und führte bis an eine künstliche, von Efeu überwachsene Felswand, in deren Front (der alte Köckritz war jetzt zurückgeblieben) der König auf einer Steinbank saß.

Er erhob sich, als er die schöne Frau sich nähern sah, und trat ihr ernst und freundlich entgegen. Frau von Carayon wollte sich auf ein Knie niederlassen, der König aber litt es nicht, nahm sie vielmehr aufrichtend bei der Hand und sagte: „Frau von Carayon? Mir sehr wohl bekannt ... Erinnere Kinderball ... schöne Tochter ... Damals ..."

Er schwieg einen Augenblick, entweder in Verlegenheit über das ihm entschlüpfte letzte Wort oder aber aus Mitgefühl mit der tiefen Bewegung der unglücklichen und beinah zitternd vor ihm stehenden Mutter, und fuhr dann fort: „Köckritz mir eben Andeutungen gemacht ... Sehr fatal ... Aber bitte ... sich setzen, meine Gnädigste ... Mut ... Und nun sprechen Sie."

XVII

Schach in Charlottenburg

Eine Woche später hatten König und Königin Paretz wieder verlassen, und schon am Tage danach ritt Rittmeister von Schach in Veranlassung eines ihm in Schloß Wuthenow übergebenen Kabinettsschreibens nach Charlottenburg hinaus, wohin inzwischen der Hof übersiedelt war. Er nahm seinen Weg durchs Brandenburger

Tor und die große Tiergartenallee, links hinter ihm Ordonnanz Baarsch, ein mit einem ganzen Linsengericht von Sommersprossen überdeckter Rotkopf mit übrigens noch röterem Backenbart, auf welchen roten und etwas abstehenden Bart hin Zieten zu versichern pflegte, „daß man auch *diesen* Baarsch an seinen Flossen erkennen könne". Wuthenower Kind und seines Gutsherrn und Rittmeisters ehemaliger Spielgefährte, war er diesem und allem, was Schach hieß, selbstverständlich in unbedingten Treuen ergeben.

Es war vier Uhr nachmittags und der Verkehr nicht groß, trotzdem die Sonne schien und ein erquickender Wind wehte. Nur wenige Reiter begegneten ihnen, unter diesen auch ein paar Offiziere von Schachs Regiment. Schach erwiderte ihren Gruß, passierte den Landwehrgraben und ritt bald danach in die breite Charlottenburger Hauptstraße mit ihren Sommerhäusern und Vorgärten ein.

Am türkischen Zelt, das sonst wohl sein Ziel zu sein pflegte, wollte sein Pferd einbiegen; er zwang es aber und hielt erst bei dem Morellischen Kaffeehause, das ihm heute für den Gang, den er vorhatte, bequemer gelegen war. Er schwang sich aus dem Sattel, gab der Ordonnanz den Zügel und ging ohne Versäumnis auf das Schloß zu. Hier trat er nach Passierung eines öden und von der Julisonne längst verbrannten Grasvierecks erst in ein geräumiges Treppenhaus und bald danach in einen schmalen Korridor ein, an dessen Wänden in anscheinend überlebensgroßen Porträts die glotzäugigen blauen Riesen Friedrich Wilhelms I. paradierten. Am Ende dieses Ganges aber traf er einen Kammerdiener, der ihn, nach vorgängiger Meldung, in das Arbeitskabinett des Königs führte.

Dieser stand an einem Pult, auf dem Karten ausgebreitet lagen, ein paar Pläne der Austerlitzer Schlacht. Er wandte sich sofort, trat auf Schach zu und sagte: „Habe Sie rufen lassen, lieber Schach . . . Die Carayon;

fatale Sache. Spiele nicht gern den Moralisten und Splitterrichter; mir verhaßt; auch meine Verirrungen. Aber in Verirrungen nicht stecken bleiben; wieder gut machen. Übrigens nicht recht begreife. Schöne Frau, die Mutter; mir *sehr* gefallen; kluge Frau."

Schach verneigte sich.

„Und die Tochter! Weiß wohl, weiß, armes Kind ... Aber enfin, müssen sie doch charmant gefunden haben. Und was man einmal charmant gefunden, findet man, wenn man nur will, auch wieder. Aber das ist *Ihre* Sache, geht mich nichts an. Was mich angeht, das ist die honnêteté. *Die* verlang ich, und um dieser honnêteté willen verlang ich Ihre Heirat mit dem Fräulein von Carayon. Oder Sie müßten denn Ihren Abschied nehmen und den Dienst quittieren wollen."

Schach schwieg, verriet aber durch Haltung und Miene, daß ihm dies das Schmerzlichste sein würde.

„Nun, denn bleiben also; schöner Mann; liebe das. Aber Remedur muß geschafft werden, und bald, und gleich. Übrigens alte Familie, die Carayons, und wird Ihren Fräulein Töchtern (Pardon, lieber Schach) die Stiftsanwartschaft auf Marienfließ oder Heiligengrabe nicht verderben. Abgemacht also. Rechne darauf, dringe darauf. Und werden mir Meldung machen."

„Zu Befehl, Ew. Majestät."

„Und noch eines; habe mit der Königin darüber gesprochen; will Sie sehn; Frauenlaune. Werden sie drüben in der Orangerie treffen ... Dank Ihnen."

Schach war gnädig entlassen, verbeugte sich und ging den Korridor hinunter auf da's am entgegengesetzten Flügel des Schlosses gelegene große Glas- und Gewächshaus zu, von dem der König gesprochen hatte.

Die Königin aber war noch nicht da, vielleicht noch im Park. So trat er denn in diesen hinaus und schritt auf einem Fliesengange zwischen einer Menge hier aufgestellter römischer Kaiser auf und ab, von denen ihn einige faunartig anzulächeln schienen. Endlich sah er die Königin von der Fährbrücke her auf sich zukommen, eine Hofdame mit ihr, allem Anscheine nach das jüngere Fräulein von Viereck. Er ging beiden Damen entgegen und trat in gemessener Entfernung beiseite, um die militärischen Honneurs zu machen. Das Hoffräulein aber blieb um einige Schritte zurück.

„Ich freue mich, Sie zu sehen, Herr von Schach. Sie kommen vom Könige."

„Zu Befehl, Ew. Majestät."

„Es ist etwas gewagt", fuhr die Königin fort, „daß ich Sie habe bitten lassen. Aber der König, der anfänglich dagegen war und mich darüber verspottete, hat es schließlich gestattet. Ich bin eben eine Frau, und es wäre hart, wenn ich mich meiner Frauenart entschlagen müßte, nur weil ich eine *Königin* bin. Als Frau interessiert mich alles, was unser Geschlecht angeht, und was ging uns näher an als eine solche question d'amour."

„Majestät sind so gnädig."

„Nicht gegen Sie, lieber Schach. Es ist um des Fräuleins willen . . . Der König hat mir alles erzählt und Köckritz hat von dem Seinen hinzugetan. Es war denselben Tag, als ich von Pyrmont wieder in Paretz eintraf, und ich kann Ihnen kaum aussprechen, wie groß meine Teilnahme mit dem Fräulein war. Und nun wollen Sie, gerade *Sie*, dem lieben Kinde diese Teilnahme versagen und mit dieser Teilnahme zugleich sein Recht. Das ist unmöglich. Ich kenne Sie so lange Zeit und habe Sie jederzeit als einen Kavalier und Mann von Ehre befunden. Und dabei, denk ich, belassen wir's. Ich habe von den Spottbildern gehört, die publiziert worden sind, und diese Bilder, so nehm ich an, haben Sie verwirrt und Ihnen Ihr ruhiges Urteil genommen. Ich begreife das, weiß ich doch aus allereigenster Erfahrung, wie weh dergleichen tut und wie der giftige Pfeil uns nicht bloß in unserem Gemüte verwundet, sondern auch verwandelt und *nicht* verwandelt zum Besseren. Aber wie dem auch sei, Sie mußten sich auf sich selbst besinnen und damit zugleich auch auf *das,* was Pflicht und Ehre von Ihnen fordern."

Schach schwieg.

„Und Sie *werden* es", fuhr die Königin immer lebhafter werdend fort, „und werden sich als einen Reuigen und Bußfertigen zeigen. Es kann Ihnen nicht schwer werden, denn selbst aus der Anklage gegen Sie, so versicherte mir der König, habe noch immer ein Ton der Zuneigung gesprochen. Seien Sie dessen gedenk, wenn Ihr Entschluß je wieder ins Schwanken kommen sollte, was ich nicht fürchte. Wüßt' ich doch kaum etwas, was mir in diesem Augenblicke so lieb wäre, wie die Schlichtung dieses Streites und der Bund zweier Herzen, die mir füreinander bestimmt erscheinen. Auch durch eine recht eigentliche Liebe. Denn Sie werden doch, hoff ich, nicht in Abrede stellen wollen, daß es ein geheimnisvoller Zug war, was Sie zu diesem lieben und einst so schönen Kinde hinführte. Das Gegenteil anzunehmen widerstreitet mir. Und nun eilen Sie heim und machen Sie glücklich und werden Sie glücklich! Meine Wünsche begleiten Sie, Sie *beide.* Sie werden sich zurückziehen, so lang es die Verhältnisse gebieten; unter allen Umständen aber erwart ich, daß Sie mir Ihre Familienereignisse melden und den Namen Ihrer Königin als erste Taufpatin in Ihr Wuthenower Kirchenbuch eintragen lassen. Und nun Gott befohlen."

Ein Gruß und eine freundliche Handbewegung begleiteten diese Worte; Schach aber, als er sich kurz vor der Gartenfront noch einmal umsah, sah, wie beide Damen in einen Seitenweg einbogen und auf eine schattigere, mehr der Spree zu gelegene Partie des Parks zuschritten.

Er selbst saß eine Viertelstunde später wieder im Sattel; Ordonnanz Baarsch folgte.

Die gnädigen Worte beider Majestäten hatten eines Eindrucks auf ihn nicht verfehlt; trotzdem war er nur getroffen, in nichts aber umgestimmt worden. Er wußte, was er dem König schuldig sei: *Gehorsam!* Aber sein Herz widerstritt, und so galt es denn für ihn, etwas ausfindig zu machen, was Gehorsam und Ungehorsam in sich vereinigte, was dem Befehle seines Königs und dem Befehle seiner eigenen Natur gleichmäßig ent-sprach. Und dafür gab es nur *einen* Weg. Ein Gedanke, den er schon in Wuthenow gefaßt hatte, kam ihm jetzt wieder und reifte rasch zum Entschluß, und je fester er ihn werden fühlte, desto mehr fand er sich in seine frühere gute Haltung und Ruhe zurück. „Leben", sprach er vor sich hin. „Was ist leben? Eine Frage von Minuten, eine Differenz von heut auf morgen." Und er fühlte sich, nach Tagen schweren Druckes, zum er-sten Male wieder leicht und frei.

Als er, heimreitend, bis an die Wegstelle gekommen war, wo eine alte Kastanienallee nach dem Kurfürsten-damm hin abzweigte, bog er in diese Allee ein, winkte Baarsch an sich heran und sagte, während er den Zügel fallen ließ und die linke Hand auf die Kruppe seines Pferdes stemmte: „Sage, Baarsch, was hältst du eigent-lich vom Heiraten?"

„Jott, Herr Rittmeister, wat soll ich davon halten? Mein Vater selig sagte man ümmer: heiraten is gut, aber nich heiraten is noch besser."

„Ja, das mag er wohl haben. Aber wenn *ich* nun heirate, Baarsch?"

„Ach, Herr Rittmeister werden doch nich!"

„Ja, wer weiß . . . Ist es denn ein solches Malheur?"

„Jott, Herr Rittmeister, vor *Ihnen* grade nich, aber vor mir . . ."

„Wie das?"

„Weil ich mit Untroffzier Czepanski gewett't hab, es würd' *doch* nichts. Un wer verliert, muß die ganze Korporalschaft freihalten."

„Aber woher wußtet ihr denn davon?"

„I Jott, des munkelt ja nu all lang. Un wie nu vorige Woch' ooch noch die Bilders kamen . . ."

135

„Ah, so . . . Nu sage, Baarsch, wie steht es denn eigentlich mit der Wette? Hoch?"

„I nu, 's jeht, Herr Rittmeister. 'ne Cottbusser un'n Kümmel. Aber vor jed' een."

„Nu, Baarsch, du sollst dabei nicht zu Schaden kommen. Ich werde die Wette bezahlen."

Und danach schwieg er und murmelte nur noch vor sich hin: „et payer les pots cassés."

XVIII

Fata Morgana

Schach war zu guter Stunde wieder heim, und noch denselben Abend schrieb er ein Billett an Frau von Carayon, in dem er in anscheinend aufrichtigen Worten um seines Benehmens willen um Entschuldigung bat. Ein Kabinettsschreiben, das er vorgestern in Wuthenow empfangen habe, hab' ihn heute nachmittag nach Charlottenburg hinausgeführt, wo König und Königin ihn an *das,* was seine Pflicht sei, gemahnt hätten. Er bedaure, solche Mahnung verschuldet zu haben, finde den Schritt, den Frau von Carayon getan, gerechtfertigt, und bäte, morgen im Laufe des Vormittags sich beiden Damen vorstellen zu dürfen, um ihnen sein Bedauern über diese neuen Versäumnisse persönlich zu wiederholen. In einer Nachschrift, die länger als der Brief selbst war, war hinzugefügt, „daß er durch eine Krisis gegangen sei; diese Krisis aber liege jetzt hinter ihm, und er hoffe sagen zu dürfen, ein Grund, an ihm oder seinem Rechtsgefühl zu zweifeln, werde *nicht* wiederkehren. Er lebe nur noch dem einen Wunsch und Gedanken, alles, was geschehen sei, durch Gesetzlichkeit auszugleichen. Über ein Mehr leg er sich vorläufig Schweigen auf."

Dies Billett, das der kleine Groom überbrachte, wurde, trotz der schon vorgerückten Stunde, von Frau von Carayon auf der Stelle beantwortet. Sie freue sich, in seinen Zeilen einer so versöhnlichen Sprache zu be-
5 gegnen. Über alles, was seinem Briefe nach als ein nunmehr Zurückliegendes anzusehen sei, werd' es am besten sein, zu schweigen; auch *sie* fühle, daß sie ruhiger und rücksichtsvoller hätte handeln sollen, sie habe sich hinreißen lassen, und nur das *Eine* werd' ihr vielleicht zur
10 Entschuldigung dienen dürfen, daß sie von jenen hämischen Angriffen in Wort und Bild, die sein Benehmen im Laufe der letzten Woche bestimmt zu haben schienen, erst seit zwei Tagen Kenntnis habe. Hätte sie diese Kenntnis früher gehabt, so würde sie vieles milder be-
15 urteilt, jedenfalls aber eine abwartende Haltung ihm und seinem Schweigen gegenüber eingenommen haben. Sie hoffe jetzt, daß alles wieder einklingen werde. Victoirens große Liebe (nur zu groß) und seine eigene Gesinnung, die, wie sie sich überzeugt halte, wohl schwan-
20 ken, aber nie dauernd erschüttert werden könne, gäben ihr die Gewähr einer friedlichen und, wenn ihre Bitten Erhörung fänden, auch einer glücklichen Zukunft.

Am andern Vormittage wurde Schach bei Frau von Carayon gemeldet. Sie ging ihm entgegen, und das sich
25 sofort entspinnende Gespräch verriet auf beiden Seiten weniger Verlegenheit, als nach dem Vorgefallenen hätte vorausgesetzt werden sollen. Und doch erklärte sich's auch wieder. Alles, was geschehen war, so schmerzlich es hüben und drüben berührt hatte, war doch schließ-
30 lich von jeder der beiden Parteien verstanden worden, und wo Verständnis ist, ist auch Verzeihung oder wenigstens die Möglichkeit einer solchen. Alles hatte sich in natürlicher Konsequenz aus den Verhältnissen heraus entwickelt, und weder die Flucht, die Schach bewerk-
35 stelligt, noch die Klage, die Frau von Carayon an oberster Stelle geführt hatte, hatten Übelwollen oder Gehässigkeit ausdrücken sollen.

Als das Gespräch einen Augenblick zu stocken begann, erschien Victoire. Sie sah sehr gut aus, nicht abgehärmt, vielmehr frischer als sonst. Er trat ihr entgegen, nicht kalt und zeremoniös, sondern herzlich, und der Ausdruck einer innigen und aufrichtigen Teilnahme, womit er auf sie sah und ihr die Hand reichte, besiegelte den Frieden. Es war kein Zweifel, er war ergriffen, und während Victoire vor Freude strahlte, füllten Tränen das Auge der Mutter.

Es war der beste Moment, das Eisen zu schmieden. Sie bat also Schach, der sich schon erhoben hatte, seinen Platz noch einmal auf einen kurzen Augenblick einnehmen zu wollen, um gemeinschaftlich mit ihm die nötigsten Festsetzungen zu treffen. Was sie zu sagen habe, seien nur wenige Worte. So viel sei gewiß, Zeit sei versäumt worden, und diese Versäumnis wieder einzubringen, empfehle sich wohl zunächst. Ihre langjährige freundschaftliche Beziehung zum alten Konsistorialrat Bocquet, der sie selber getraut und Victoiren eingesegnet habe, böte dazu die beste Gelegenheit. Es werde leicht sein, an die Stelle des herkömmlichen dreimaligen Aufgebots ein einmaliges zu setzen; das müsse nächsten Sonntag geschehen, und am Freitage der nächsten Woche – denn die Freitage, die gemeinhin für Unglückstage gelten, hätte sie persönlich von der durchaus entgegengesetzten Seite kennengelernt – werde dann die Hochzeit zu folgen haben. Und zwar in ihrer eigenen Wohnung, da sie Hochzeiten in einem Hotel oder Gasthause von ganzer Seele hasse. Was dann weiter zu geschehen habe, das stehe bei dem jungen Paare; sie sei neugierig, ob Venedig über Wuthenow oder Wuthenow über Venedig den Sieg davontragen werde. Die Lagunen hätten sie gemeinsam und die Gondel auch, und nur um eines müsse sie bitten, daß der kleine Brückensteg unterm Schilf, an dem die Gondel liege, nie zur Seufzerbrücke erhoben werde.

So ging das Geplauder und so verging der Besuch.

Am Sonntage, wie verabredet, erfolgte das Aufgebot, und der Freitag, an dem die Hochzeit stattfinden sollte, rückte heran. Alles im Carayonschen Hause war in Aufregung, am aufgeregtesten Tante Marguerite, die jetzt täglich erschien und durch ihre naive Glückseligkeit alles Unbequeme balancierte, das sonst unzertrennlich von ihrem Erscheinen war.

Abends kam Schach. Er war heitrer und in seinem Urteile milder als sonst und vermied nur in ebenso bemerkenswerter wie zum Glück unbemerkt bleibender Weise, von der Hochzeit und den Vorbereitungen dazu zu sprechen. Wurd' er gefragt, ob er dies oder jenes wünsche, so bat er mit einer Art von Empressement, „ganz nach eigenem Dafürhalten verfahren zu wollen; er kenne den Takt und guten Geschmack der Damen und wisse, daß ohne sein Raten und Zutun alles am besten entschieden werden würde; wenn ihm dabei manches dunkel und geheimnisvoll bleibe, so sei dies ein Vorteil mehr für ihn, hab' er doch von Jugend auf eine Neigung gehabt, sich überraschen zu lassen".

Unter solchen Ausflüchten entzog er sich jedem Geplauder, das, wie Tante Marguerite sich ausdrückte, „den Ehrentag en vue hatte", war aber um so plauderhafter, wenn das Gespräch auf die Reisetage *nach* der Hochzeit hinüberlenkte. Denn Venedig, aller halben Widerrede der Frau von Carayon zum Trotz, hatte doch schließlich über Wuthenow gesiegt, und Schach, wenn die Rede darauf kam, hing mit einer ihm sonst völlig fremden Phantastik allen erdenklichen Reiseplänen und Reisebildern nach. Er wollte nach Sizilien hinüber und die Sireneninseln passieren, „ob frei oder an den Mast gebunden, überlass' er Victoiren und ihrem Vertrauen". Und dann wollten sie nach Malta. Nicht um Maltas willen, o nein. Aber auf dem Wege dahin sei die Stelle, wo der geheimnisvolle schwarze Weltteil in Luftbildern und Spiegelungen ein allererstes Mal zu dem in Nebel und Schnee geborenen Hyperboreer spräche. *Das* sei die Stelle, wo die bilderreiche Fee wohne, die *stumme* Sirene, die mit dem Zauber ihrer Farbe fast noch verführerischer locke als die singende. Beständig wechselnd seien die Szenen und Gestalten ihrer Laterna magica, und während eben noch ein er- müdeter Zug über den gelben Sand ziehe, dehne sich's plötzlich wie grüne Triften, und unter der schatten- gebenden Palme säße die Schar der Männer, die Köpfe gebeugt und alle Pfeifen in Brand, und schwarze und braune Mädchen, ihre Flechten gelöst und wie zum Tanze geschürzt, erhüben die Becken und schlügen das Tamburin. Und mitunter sei's, als lach' es. Und dann schwieg es und schwänd' es wieder. Und diese Spiege- lung aus der geheimnisvollen Ferne, *das* sei das Ziel!

Und Victoire jubelte, hingerissen von der Lebhaftig- keit seiner Schilderung.

Aber im selben Augenblick überkam es sie bang und düster, und in ihrer Seele rief eine Stimme: *Fata Morgana.*

XIX

Die Hochzeit

Die Trauung hatte stattgefunden, und um die vierte Stunde versammelten sich die zur Hochzeit Geladenen in dem nach dem Hofe hinaus gelegenen großen Eß- saale, der für gewöhnlich als ein bloßes unbequemes Anhängsel der Carayonschen Wohnung angesehen und seit einer ganzen Reihe von Jahren heute zum ersten Male wieder in Gebrauch genommen wurde. Dies er- schien tunlich, trotzdem die Zahl der Gäste keine große war. Der alte Konsistorialrat Bocquet hatte sich be- wegen lassen, dem Mahle mit beizuwohnen, und saß, dem Brautpaare gegenüber, neben der Frau von Cara-

yon; unter den anderweit Geladenen aber waren, außer
dem Tantchen und einigen alten Freunden aus der
Generalfinanzpächterzeit her, in erster Reihe Nostitz,
Alvensleben und Sander zu nennen. Auf letzteren hatte
5 Schach, aller sonstigen, auch bei Feststellung der Ein-
ladungsliste beobachteten Indifferenz unerachtet, mit
besonderem Nachdruck bestanden, weil ihm inzwischen
das rücksichtsvolle Benehmen desselben bei Gelegenheit
des Verlagsantrages der drei Bilder bekannt geworden
10 war, ein Benehmen, das er um so höher anschlug, als er
es von *dieser* Seite her nicht erwartet hatte. Bülow,
Schachs alter Gegner, war nicht mehr in Berlin und
hätte wohl auch gefehlt, wenn er noch dagewesen wäre.
   Die Tafelstimmung verharrte bis zum ersten Trink-
15 spruch in der herkömmlichen Feierlichkeit; als indessen
der alte Konsistorialrat gesprochen und in einem drei-
geteilten und als „historischer Rückblick" zu bezeich-
nenden Toast erst des großväterlichen Generalfinanz-
pächterhauses, dann der Trauung der Frau von Cara-
20 yon und drittens (und zwar unter Zitierung des ihr
mit auf den Lebensweg gegebenen Bibelspruches) der
Konfirmation Victoirens gedacht, endlich aber mit
einem halb ehrbaren, halb scherzhaften Hinweis auf
den „ägyptischen Wundervogel, in dessen verheißungs-
25 volle Nähe man sich begeben wolle", geschlossen hatte,
war das Zeichen zu einer Wandlung der Stimmung gegeben. Alles gab sich einer ungezwungenen Heiterkeit
hin, an der sogar Victoire teilnahm, und nicht zum
wenigsten, als sich schließlich auch das zu Ehren des
30 Tages in einem grasgrünen Seidenkleid und einem
hohen Schildpattkamme erschienene Tantchen erhob,
um einen *zweiten* Toast auf das Brautpaar auszu-
bringen. Ihr verschämtes Klopfen mit dem Dessert-
messer an die Wasserkaraffe war eine Zeitlang un-
35 bemerkt geblieben und kam erst zur Geltung, als Frau
von Carayon erklärte: Tante Marguerite wünsche zu
sprechen.

Diese verneigte sich denn auch zum Zeichen der Zustimmung und begann ihre Rede mit viel mehr Selbstbewußtsein, als man nach ihrer anfänglichen Schüchternheit erwarten durfte. „Der Herr Konsistorialrat hat so schön und so lange gesprochen, und ich ähnle nur dem Weibe Ruth, das über dem Felde geht und Ähren sammelt, was auch der Text war, worüber am letzten Sonntag in der kleinen Melonenkürche gepredigt wurde, die wieder sehr leer war, ich glaube nicht mehr als ölf oder zwölf. Aber als Tante der lieben Braut, in welcher Beziehung ich wohl die Älteste bin, erheb ich dieses Glas, um noch einmal auf dem Wohle des jungen Paares zu trinken."

Und danach setzte sie sich wieder, um die Huldigungen der Gesellschaft entgegenzunehmen. Schach versuchte der alten Dame die Hand zu küssen, was sie jedoch wehrte, wogegen sie Victoirens Umarmung mit allerlei kleinen Liebkosungen und zugleich mit der Versicherung erwiderte: „Sie hab' es alles vorher gewußt, von dem Nachmittag an, wo sie die Fahrt nach Tempelhof und den Gang nach der Kürche gemacht hätten. Denn sie hab' es wohl gesehen, daß Victoire neben dem großen, für die Mama bestimmten Veilchenstrauß auch noch einen kleinen Strauß in der Hand gehalten hätte, den habe sie dem lieben Bräutigam dem Herrn von Schach, in der Kürchentüre präsentieren wollen. Aber als er dann gekommen sei, habe sie das kleine Bukett wieder weggeworfen und es sei dicht neben der Tür auf ein Kindergrab gefallen, was immer etwas bedeute, und auch *dies*mal etwas bedeutet habe. Denn so sehr sie gegen dem Aberglauben sei, so glaube sie doch an Sympathie, natürlich bei abnehmendem Mond. Und der ganze Nachmittag stehe noch so deutlich vor ihr, als wär' es gestern gewesen, und wenn manche so täten, als wisse man nichts, so hätte man doch auch seine zwei gesunden Augen und wisse recht gut, wo die besten Kürschen hingen." In diesen Satz vertiefte sie sich immer mehr, ohne daß die Bedeutung desselben dadurch klarer geworden wäre.

Nach Tante Margueritens Toast löste sich die Tafelreihe; jeder verließ seinen Platz, um abwechselnd hier oder dort eine Gastrolle geben zu können, und als bald danach auch die großen Jostyschen Devisenbonbons umhergereicht und allerlei Sprüche wie beispielsweise „Liebe, wunderbare Fee, selbst dein Wehe tut nicht weh", aller kleinen und undeutlichen Schrift unerachtet, entziffert und verlesen worden waren, erhob man sich von der Tafel. Alvensleben führte Frau von Carayon, Sander Tante Marguerite, bei welcher Gelegenheit, und zwar über das Ruth-Thema, von seiten Sanders allerlei kleine Neckereien verübt wurden, Neckereien, die der Tante so sehr gefielen, daß sie Victoiren, als der Kaffee serviert wurde, zuflüsterte: „Charmanter Herr. Und so galant. Und so bedeutungsvoll."

Schach sprach viel mit Sander, erkundigte sich nach Bülow, „der ihm zwar nie sympathisch, aber trotz all seiner Schrullen immer ein Gegenstand des Interesses gewesen sei", und bat Sander, ihm, bei sich darbietender Gelegenheit, dies ausdrücken zu wollen. In allem, was er sagte, sprach sich Freundlichkeit und ein Hang nach Versöhnung aus.

In diesem Hange nach Versöhnung stand er aber nicht allein da, sondern begegnete sich darin mit Frau von Carayon. Als ihm diese persönlich eine zweite Tasse präsentierte, sagte sie, während er den Zucker aus der Schale nahm: „Auf ein Wort, lieber Schach, aber im Nebenzimmer."

Und sie ging ihm dahin vorauf.

„Lieber Schach", begann sie, hier auf einem großgeblümten Kanapee Platz nehmend, von dem aus beide mit Hilfe der offenstehenden Flügeltür einen Blick auf das Eckzimmer hin frei hatten, „es sind dies unsere letzten Minuten, und ich möchte mir, ehe wir Abschied voneinander nehmen, noch manches von der Seele heruntersprechen. Ich will nicht mit meinem Alter kokettieren, aber ein Jahr ist eine lange Zeit, und wer weiß, ob wir uns wiedersehen. Über Victoire kein Wort. Sie wird Ihnen keine trübe Stunde machen: sie liebt Sie zu sehr, um es zu können oder zu wollen. Und Sie, lieber Schach, werden sich dieser Liebe würdig zeigen. Sie werden ihr nicht wehe tun, diesem süßen Geschöpf, das nur Demut und Hingebung ist. Es ist unmöglich. Und so verlang ich denn kein Versprechen von Ihnen. Ich weiß im voraus, ich hab es."

Schach sah vor sich hin, als Frau von Carayon diese Worte sprach, und tröpfelte, während er die Tasse mit der Linken hielt, den Kaffee langsam aus dem zierlichen kleinen Löffel.

„Ich habe seit unserer Versöhnung", fuhr sie fort, „mein Vertrauen wieder. Aber dies Vertrauen, wie mein Brief Ihnen schon aussprach, war in Tagen, die nun glücklicherweise hinter uns liegen, um vieles mehr, als ich es für möglich gehalten hätte, von mir gewichen, und in diesen Tagen hab ich harte Worte gegen Sie gebraucht, harte Worte, wenn ich mit Victoiren sprach, und noch härtere, wenn ich mit mir allein war. Ich habe Sie kleinlich und hochmütig, eitel und bestimmbar gescholten, und habe Sie, was das Schlimmste war, der Undankbarkeit und der lacheté geziehen. Und das beklag ich jetzt und schäme mich einer Stimmung, die mich unsere Vergangenheit so vergessen lassen konnte."

Sie schwieg einen Augenblick. Aber als Schach antworten wollte, litt sie's nicht und sagte: „Nur ein Wort noch. Alles, was ich in jenen Tagen gesagt und gedacht habe, bedrückte mich und verlangte nach dieser Beichte. Nun erst ist alles wieder klar zwischen uns, und ich kann Ihnen wieder frei ins Auge sehen. Aber nun genug. Kommen Sie. Man wird uns ohnehin schon vermißt haben."

Und sie nahm seinen Arm und scherzte: „Nicht wahr? On revient toujours à ses premiers amours. Und ein Glück, daß ich es Ihnen lachend aussprechen kann, und in einem Momente reiner und ganzer Freude."

Victoire trat Schach und ihrer Mama von dem Eckzimmer her entgegen und sagte: „Nun, was war es?"

„Eine Liebeserklärung."

„Ich dacht' es. Und ein Glück, Schach, daß wir morgen reisen. Nicht wahr? Ich möchte der Welt um keinen Preis das Bild einer eifersüchtigen Tochter geben."

Und Mutter und Tochter nahmen auf dem Sofa Platz, wo sich Alvensleben und Nostitz ihnen gesellten.

In diesem Augenblick wurde Schach der Wagen gemeldet und es war, als ob er sich bei dieser Meldung verfärbe. Frau von Carayon sah es auch. Er sammelte sich aber rasch wieder, empfahl sich und trat in den Korridor hinaus, wo der kleine Groom mit Mantel und Hut auf ihn wartete. Victoire war ihm bis an die Treppe hinaus gefolgt, auf der noch vom Hof her ein halber Tagesschein flimmerte.

„Bis auf morgen", sagte Schach, und trennte sich rasch und ging.

Aber Victoire beugte sich weit über das Geländer vor und wiederholte leise: „Bis auf morgen. Hörst du? . . . Wo sind wir morgen?"

Und siehe, der süße Klang ihrer Stimme verfehlte seines Eindrucks *nicht,* auch in *diesem* Augenblicke nicht. Er sprang die Stufen wieder hinauf, umarmte sie, wie wenn er Abschied nehmen wolle für immer, und küßte sie.

„Auf Wiedersehen, Mirabelle."

Und nachhorchend hörte sie noch seinen Schritt auf dem Flur. Dann fiel die Haustür ins Schloß und der Wagen rollte die Straße hinunter.

Auf dem Bocke saßen Ordonnanz Baarsch und der Groom, von denen jener sich's eigens ausbedungen hatte, seinen Rittmeister und Gutsherrn an diesem seinem Ehrentage fahren zu dürfen. Was denn auch ohne weiteres bewilligt worden war. Als der Wagen aus der

Behren- in die Wilhelmstraße einbog, gab es einen Ruck oder Schlag, ohne daß ein Stoß von unten her verspürt worden wäre.

„Damn", sagte der Groom. „What's that?"

„Wat et is? Wat soll et sind, Kleener? En Steen is et; en doter Feldwebel."

„Oh no, Baarsch. Nich stone. 't was something ... dear me ... like shooting."

„Schuting? Nanu."

„Yes, pistol-shooting ..."

Aber der Satz kam nicht mehr zu Ende, denn der Wagen hielt vor Schachs Wohnung und der Groom sprang in Angst und Eile vom Bock, um seinem Herrn beim Aussteigen behilflich zu sein. Er öffnete den Wagenschlag, ein dichter Qualm schlug ihm entgegen, und Schach saß aufrecht in der Ecke, nur wenig zurückgelehnt. Auf dem Teppich zu seinen Füßen lag das Pistol. Entsetzt warf der Kleine den Schlag wieder ins Schloß und jammerte: „Heavens, he is dead."

Die Wirtsleute wurden alarmiert, und so trugen sie den Toten in seine Wohnung hinauf.

Baarsch fluchte und flennte und schob alles auf die „Menschheit", weil er's aufs Heiraten zu schieben nicht den Mut hatte. Denn er war eine diplomatische Natur wie alle Bauern.

XX

Bülow an Sander

Königsberg, 14. Sept. 1806. . . . Sie schreiben mir, lieber Sander, auch von Schach. Das rein Tatsächliche wußt ich schon, die Königsberger Zeitung hatte der Sache kurz erwähnt, aber erst Ihrem Briefe verdank ich die Aufklärung, soweit sie gegeben werden kann. Sie ken-

nen meine Neigung (und dieser folg ich auch heut), aus
dem Einzelnen aufs Ganze zu schließen, aber freilich
auch umgekehrt aus dem Ganzen aufs Einzelne, was
mit dem Generalisieren zusammenhängt. Es mag das
5 sein Mißliches haben und mich oft zu weit führen. Indessen, wenn jemals eine Berechtigung dazu vorlag, so
hier, und speziell *Sie* werden es begreiflich finden, daß
mich dieser Schach-Fall, der nur ein Symptom ist, um
eben seiner symptomatischen Bedeutung willen aufs
10 ernsteste beschäftigt. Er ist durchaus Zeiterscheinung,
aber, wohlverstanden, mit lokaler Begrenzung, ein in
seinen Ursachen ganz abnormer Fall, der sich in dieser
Art und Weise nur in Seiner Königlichen Majestät von
Preußen Haupt- und Residenzstadt, oder, wenn über
15 diese hinaus, immer nur in den Reihen unserer nachgeborenen fridericianischen Armee zutragen konnte,
einer Armee, die statt der Ehre nur noch den Dünkel,
und statt der Seele nur noch ein Uhrwerk hat – ein
Uhrwerk, das bald genug abgelaufen sein wird. Der
20 große König hat diesen schlimmen Zustand der Dinge
vorbereitet, aber daß er so schlimm werden konnte,
dazu mußten sich die großen Königsaugen erst schließen, vor denen bekanntermaßen jeder mehr erbangte
als vor Schlacht und Tod.
25   Ich habe lange genug dieser Armee angehört, um zu
wissen, daß „Ehre“, das dritte Wort in ihr ist; eine
Tänzerin ist charmant „auf Ehre“, eine Schimmelstute
magnifique „auf Ehre“, ja, mir sind Wucherer empfoh-
len und vorgestellt worden, die superb „auf Ehre“ wa-
30 ren. Und dies beständige Sprechen von Ehre, von einer
falschen Ehre, hat die Begriffe verwirrt und die richtige
Ehre totgemacht.
   All das spiegelt sich auch in diesem Schach-Fall, in
Schach selbst, der, all seiner Fehler unerachtet, immer
35 noch einer der Besten war.
   Wie lag es denn? Ein Offizier verkehrt in einem ad-
ligen Hause; die Mutter gefällt ihm, und an einem

schönen Maitage gefällt ihm auch die Tochter, vielleicht, oder sagen wir lieber sehr wahrscheinlich, weil ihm Prinz Louis eine halbe Woche vorher einen Vortrag über „beauté du diable" gehalten hat. Aber gleichviel, sie gefällt ihm, und die Natur zieht ihre Konsequenzen. Was, unter so gegebenen Verhältnissen, wäre nun wohl einfacher und natürlicher gewesen, als Ausgleich durch einen Eheschluß, durch eine Verbindung, die weder gegen den äußeren Vorteil noch gegen irgendein Vorurteil verstoßen hätte. Was aber geschieht? Er flieht nach Wuthenow, einfach weil das holde Geschöpf, um das sich's handelt, ein paar Grübchen mehr in der Wange hat, als gerade modisch oder herkömmlich ist, und weil diese „paar Grübchen zuviel" unseren glatten und wie mit Schachtelhalm polierten Schach auf vier Wochen in eine von seinen Feinden bewitzelte Stellung hätten bringen können. Er flieht also, sag ich, löst sich feige von Pflicht und Wort, und als ihn schließlich, um ihn selber sprechen zu lassen, sein „Allergnädigster König und Herr" an Pflicht und Wort erinnert und strikten Gehorsam fordert, da gehorcht er, aber nur, um im Momente des Gehorchens den Gehorsam in einer allerbrüskesten Weise zu brechen. Er kann nun mal Zietens spöttischen Blick nicht ertragen, noch viel weniger einen neuen Ansturm von Karikaturen, und in Angst gesetzt durch einen Schatten, eine Erbsenblase, greift er zu dem alten Auskunftsmittel der Verzweifelten: un peu de poudre.

Da haben Sie das Wesen der falschen Ehre. Sie macht uns abhängig von dem Schwankendsten und Willkürlichsten, was es gibt, von dem auf Triebsand aufgebauten Urteile der Gesellschaft, und veranlaßt uns, die heiligsten Gebote, die schönsten und natürlichsten Regungen eben diesem Gesellschaftsgötzen zum Opfer zu bringen. Und diesem Kultus einer falschen Ehre, die nichts ist als Eitelkeit und Verschrobenheit, ist denn auch Schach erlegen, und Größeres als er wird folgen.

Erinnern Sie sich dieser Worte. Wir haben wie Vogel Strauß den Kopf in den Sand gesteckt, um nicht zu hören und nicht zu sehen. Aber diese Straußenvorsicht hat noch nie gerettet. Als es mit der Mingdynastie zur Neige ging und die siegreichen Mandschuheere schon in die Palastgärten von Peking eingedrungen waren, erschienen immer noch Boten und Abgesandte, die dem Kaiser von Siegen und wieder Siegen meldeten, weil es gegen „den Ton" der guten Gesellschaft und des Hofes war, von Niederlagen zu sprechen. Oh, dieser gute Ton! Eine Stunde später war ein Reich zertrümmert und ein Thron gestürzt. Und warum? Weil alles Geschraubte zur Lüge führt und alle Lüge zum Tod.

Entsinnen Sie sich des Abends in Frau von Carayons Salon, wo bei dem Thema „Hannibal ante portas" Ähnliches über meine Lippen kam? Schach tadelte mich damals als unpatriotisch. Unpatriotisch! Die Warner sind noch immer bei diesem Namen genannt worden. Und nun! Was ich damals als etwas bloß Wahrscheinliches vor Augen hatte, jetzt ist es *tatsächlich* da. Der Krieg ist erklärt. Und was das bedeutet, steht in aller Deutlichkeit vor meiner Seele. Wir werden an derselben Welt des Scheins zugrunde gehen, an der Schach zugrunde gegangen ist. Ihr *Bülow*.

Nachschrift. Dohna (früher bei der Garde du Corps), mit dem ich eben über die Schachsche Sache gesprochen habe, hat eine Lesart, die mich an frühere Nostitzsche Mitteilungen erinnerte. Schach habe die Mutter geliebt, was ihn, in einer Ehe mit der Tochter, in seltsam peinliche Herzenskonflikte geführt haben würde. Schreiben Sie mir doch darüber. Ich persönlich find es pikant, aber nicht zutreffend. Schachs Eitelkeit hat ihn zeitlebens bei voller Herzenskühle erhalten, und seine Vorstellungen von Ehre (hier ausnahmsweise die richtige) würden ihn außerdem, wenn er die Ehe mit der Tochter wirklich geschlossen hätte, vor jedem Fauxpas gesichert haben. B.

XXI

Victoire von Schach an Lisette von Perbandt

Rom, 18. August 1807. Ma chère Lisette.

Daß ich Dir sagen könnte, wie gerührt ich war über
so liebe Zeilen! Aus dem Elend des Krieges, aus Krän-
kungen und Verlusten heraus, hast Du mich mit Zeichen alter, unveränderter Freundschaft überschüttet und
mir meine Versäumnisse nicht zum Üblen gedeutet.

Mama wollte mehr als einmal schreiben, aber ich
selber bat sie, damit zu warten.

Ach, meine teure Lisette, Du nimmst teil an meinem
Schicksal und glaubst, der Zeitpunkt sei nun da, mich
gegen Dich auszusprechen. Und Du hast recht. Ich will
es tun, so gut ich's kann.

„Wie sich das alles erklärt?" fragst Du und setzest
hinzu: „Du stündest vor einem Rätsel, das sich Dir
nicht lösen wolle." Meine liebe Lisette, wie lösen sich
die Rätsel? Nie. Ein Rest von Dunklem und Unauf-
geklärtem bleibt, und in die letzten und geheimsten
Triebfedern andrer oder auch nur unsrer eignen Hand-
lungsweise hineinzublicken ist uns versagt. Er sei, so
versichern die Leute, der schöne Schach gewesen, und
ich, das mindeste zu sagen, die nicht-schöne Victoire
– das habe den Spott herausgefordert, und diesem
Spotte Trotz zu bieten, dazu hab' er nicht die Kraft
gehabt. Und so sei er denn aus Furcht vor dem Leben
in den Tod gegangen.

So sagt die Welt, und in vielem wird es zutreffen.
Schrieb er mir doch Ähnliches und verklagte sich darüber. Aber wie die Welt strenger gewesen ist als nötig,
so vielleicht auch er selbst. Ich seh es in einem andern
Licht. Er wußte sehr wohl, daß aller Spott der Welt
schließlich erlahmt und erlischt, und war im übrigen
auch Manns genug, diesen Spott zu bekämpfen, im
Fall er *nicht* erlahmen und *nicht* erlöschen wollte.

Nein, er fürchtete sich nicht vor diesem Kampf, oder
wenigstens nicht so, wie vermutet wird; aber eine kluge
Stimme, die die Stimme seiner eigensten und innersten
Natur war, rief ihm beständig zu, daß er diesen Kampf
5 *umsonst* kämpfen und daß er, wenn auch siegreich
gegen die Welt, *nicht* siegreich gegen sich selber sein
würde. *Das* war es. Er gehörte durchaus, und mehr als
irgendwer, den ich kennengelernt habe, zu *den* Män-
nern, die *nicht* für die Ehe geschaffen sind. Ich erzählte
10 Dir schon bei früherer Gelegenheit von einem Ausfluge
nach Tempelhof, der überhaupt in mehr als einer Beziehung einen Wendepunkt für uns bedeutete. Heim-
kehrend aus der Kirche, sprachen wir über Ordensritter
und Ordensregeln, und der ungesucht ernste Ton, mit
15 dem er, trotz meiner Neckereien, den Gegenstand be-
handelte, zeigte mir deutlich, welchen Idealen er nach-
hing. Und unter diesen Idealen – all seiner Liaisons
unerachtet, oder vielleicht auch um dieser Liaisons willen – war sicherlich *nicht* die Ehe. Noch jetzt darf ich
20 Dir versichern, und die Sehnsucht meines Herzens
ändert nichts an dieser Erkenntnis, daß es mir schwer,
ja fast unmöglich ist, ihn mir au sein de sa famille
vorzustellen. Ein Kardinal (ich seh ihrer hier täglich)
läßt sich eben nicht als Ehemann denken. Und Schach
25 auch nicht.

Da hast Du mein Bekenntnis, und Ähnliches muß er
selber gedacht und empfunden haben, wenn er auch
freilich in seinem Abschiedsbriefe darüber schwieg. Er
war seiner ganzen Natur nach auf Repräsentation und
30 Geltendmachung einer gewissen Grandezza gestellt,
auf mehr *äußerliche* Dinge, woraus Du sehen magst,
daß ich ihn nicht überschätze. Wirklich, wenn ich ihn
in seinen Fehden mit Bülow immer wieder und wieder
unterliegen sah, so fühlt ich nur zu deutlich, daß er
35 weder ein Mann von hervorragender geistiger Bedeutung noch von superiorem Charakter sei; zugegeben
das alles; und doch war er andererseits durchaus be-

fähigt, innerhalb enggezogener Kreise zu glänzen und zu herrschen. Er war wie dazu bestimmt, der Halbgott eines prinzlichen Hofes zu sein, und würde diese Bestimmung, Du darfst darüber nicht lachen, nicht bloß zu seiner persönlichen Freude, sondern auch zum Glück und Segen anderer, ja vieler anderer, erfüllt haben. Denn er war ein guter Mensch, und auch klug genug, um immer das Gute zu wollen. An dieser Laufbahn als ein prinzlicher Liebling und Plenipotentiaire hätt' ich ihn verhindert, ja, hätt' ihn, bei meinen anspruchslosen Gewohnheiten, aus all und jeder Karriere herausgerissen und ihn nach Wuthenow hingezwungen, um mit mir ein Spargelbeet anzulegen oder der Kluckhenne die Küchelchen wegzunehmen. Davor erschrak er. Er sah ein kleines und beschränktes Leben vor sich und war, ich will nicht sagen auf ein großes gestellt, aber doch auf ein solches, das *ihm* als groß erschien.

Über meine Nichtschönheit wär' er hinweggekommen. Ich hab ihm, ich zögre fast es niederzuschreiben, nicht eigentlich mißfallen, und vielleicht hat er mich wirklich geliebt. Befrag ich seine letzten, an mich gerichteten Zeilen, so wär es in Wahrheit so. Doch ich mißtraue diesem süßen Wort. Denn er war voll Weichheit und Mitgefühl, und alles Weh, was er mir bereitet hat durch sein Leben und sein Sterben, er wollt' es ausgleichen, soweit es auszugleichen war.

Alles Weh! Ach wie so fremd und strafend mich dieses Wort ansieht! Nein, meine liebe Lisette, nichts von Weh. Ich hatte früh resigniert, und vermeinte kein Anrecht an jenes Schönste zu haben, was das Leben hat. Und nun hab ich es gehabt. Liebe. Wie mich das erhebt und durchzittert und alles Weh in Wonne verkehrt. Da liegt das Kind und schlägt eben die blauen Augen auf. *Seine* Augen. Nein, Lisette, viel Schweres ist mir auferlegt worden, aber es federt leicht in die Luft, gewogen neben meinem Glück. –

Das Kleine, Dein Patchen, war krank bis auf den

Tod, und nur durch ein Wunder ist es mir erhalten geblieben.

Und davon muß ich Dir erzählen.

Als der Arzt nicht mehr Hilfe wußte, ging ich mit unserer Wirtin (einer echten, alten Römerin in ihrem Stolz und ihrer Herzensgüte) nach der Kirche Araceli hinauf, einem neben dem Kapitol gelegenen alten Rundbogenbau, wo sie den „Bambino", das Christkind, aufbewahren, eine hölzerne Wickelpuppe mit großen Glasaugen und einem ganzen Diadem von Ringen, wie sie dem Christkind, um seiner gespendeten Hilfe willen, von unzähligen Müttern verehrt worden sind. Ich bracht ihm einen Ring mit, noch eh ich seiner Fürsprache sicher war, und dieses Zutrauen muß den Bambino gerührt haben. Denn sieh, er half. Eine Krisis kam unmittelbar, und der Dottore verkündigte sein „va bene"; die Wirtin aber lächelte, wie wenn sie selber das Wunder verrichtet hätte.

Und dabei kommt mir die Frage, was wohl Tante Marguerite, wenn sie davon hörte, zu all dem „Aberglauben" sagen würde? Sie würde mich vor der „alten Kürche" warnen, und mit mehr Grund, als sie weiß.

Denn nicht nur alt ist Araceli, sondern auch trostreich und labevoll, und kühl und schön.

Sein schönstes aber ist sein Name, der „Altar des Himmels" bedeutet. Und auf diesem Altar steigt tagtäglich das Opfer meines Dankes auf.

NACHWORT

Wenn man – in Theodor Fontanes Spuren – die Memoiren des späteren russischen Generalleutnants Karl von Nostitz liest und sich über die Symposien und „Schlittenfahrten" der jungen Offiziere des Regiments Gensdarmes amüsiert und dann anschließend einen aufmerksamen Blick in den Brief Fontanes an Mathilde von Rohr vom 11. August 1878 wirft und sein hellwaches Interesse an der Geschichte des „Frl. v. Crayn" und des Rittmeisters und späteren Majors von Schack vermerkt hat, dann braucht man nur noch *Schach von Wuthenow* aufzuschlagen, um zu wissen oder vielmehr zu spüren, was es mit dem Fontaneschen Realismus auf sich hat.

Er hat einmal die Franzosen – und wie sehr hätte er es von Frau von Carayon sagen können – große Realisten genannt. Er hatte dabei nicht an die literarische Stilrichtung gedacht, die zu seiner Zeit die beherrschende war, sondern an ein besonders geartetes Ineinanderstehen von Phantasie und Wirklichkeit, ein Ineinanderstehen, das mit keinem Wort schlagender (und französischer) zu charakterisieren ist als mit dem des klugen Anatole France: on n'invente guère[1].

In einem Brief Theodor Fontanes an Mathilde von Rohr vom 15. Mai 1878 (*Schach von Wuthenow* ist erst im Sommer 1883, zunächst als Vorabdruck in der *Vossischen Zeitung*, erschienen) hätte man dafür eine schöne Bestätigung finden können. Er horcht darin nach der „Lebensskizze des Fräulein von Crayn" hin und gesteht, daß nur eine Fülle von Stoff ihn beruhige.

Fontane hat für die Gewißheit seiner Phantasie, nur auf Wirklichkeiten gehen zu können, die besten Berechtigungen vorzuweisen: seine beiden Eltern stammten aus dem Lande, für das Frau von Carayon mit so hinreißender Verve eintritt.

---

1. Man erfindet nichts.

Sie mag bei diesem Eintreten durch einen Hauch der Andersartigkeit um sie her und ein Gefühl des ungerechten Verkannt- und Zurückgesetztseins merkwürdig gleich berührt gewesen sein wie Theodor Fontane am 30. September 1888, als er durch das Unverständnis einer französischen Feinheit gegenüber geradezu in einen Aufbruch des Bekennens geriet und ausrief, wie stolz und glücklich er sei, daß seiner Ahnen Wiege im Languedoc, ja sogar in der Gascogne gestanden habe.

An keiner Stelle tritt dieses loyal zurückgedrängte Empfinden in seine Dichtung hinein außer in *Schach von Wuthenow,* und es ist eine ganz feine, untergründige Verbindung zu der Tatsache hin, daß dieser Roman die Historie und die Tragödie einer unerhört kränkbaren, stolzen und irgendwie sehr feingearteten Natur ist, von der selbst ein so kritisch eingerichteter Antagonist wie Herr von Bülow nicht zu widerlegen vermochte, daß sie zu den „besten" gehörte.

Solche Untergründigkeiten, von der Dunkelseele dieses Dichters verbindungsfreudig hin und her gezogen und der Kritik hinaufgereicht, sind das Unausdrückbare, die „Psychographie", von der er spricht. Sie macht, durch die vorgelegten Wirklichkeiten hindurch, das eigenartige Gebilde des Fontaneschen Romans und seinen Stil, der auch hier der Mensch ist, wie Comte de Buffon es als großer Realist gesehen hat. Nicht umsonst fliegt Fontane bei seinem Schaffen immer wieder das Wort zu: de tout mon cœur.

Victoire von Carayon, ins Unglück und ins Meditieren (und leider auch etwas ins Randgebiet der Dichtung) abgetrieben, versichert Schach von Wuthenow, daß „das Allerpersönlichste" auch in die geistigsten Dinge dringe. Und mit welch nachtwandlerischer Sicherheit wird aus einer Erzählung „aus der Zeit des Regiments Gensdarmes" die Innenweltsgeschichte eines einzelnen und gar eines so sehr einzelnen, wie er im ganzen Werk Fontanes nicht mehr auftritt. Er hat damit manches aufzudecken. Voran die Gewißheit, daß er nicht allein in tiefer Nacht die alte Eiche bei seinem Schloß umkreist, die ganze konzentrierte Stimmung sagt es schon, wie nahe der Dichter dabei ist. Denn es ist ja der Dichter, der unerschütterlich dafür einstand, daß, wer die Stimmung treffe, der Meister sei.

„Wer den Aparten spielt, ist es nie", das mit drei starken Fingern hingeschriebene Wort Herrn Sanders, des Bücher-Routiniers und Freundes von Herrn v. Bülow, wird meisterlich hinabgetaucht in eine Schlucht, in die man nur mit Frostgefühl hinabsieht, obwohl Fontane schon in *Ellernklipp* (1881) mit ihr bekanntgemacht hat: Schach von Wuthenow treibt die Apartheit so weit, daß er an ihr stirbt. Rauch aus der Kutsche (die Fontane von *Madame Bovary* her zu mehreren Malen einfällt). Aus seinem Innersten, aus seinem Lebensstil heraus fällt Schach in Tod und tritt entschlossen aus dem Kreis der Lebenden. Das tun nur die bei Theodor Fontane, an die er, trotz allem, aus irgendeinem Dunkelgrund heraus sein Herz gehängt hat.

Und richtig, in seinem tiefsten Augenblick (und dem des Buches), da, wo er um die Eiche geht und aus dem Kreis nicht loskommt, den er tritt, da ist ja Schach von Wuthenow in eigener Person das Bildlichwerden der Lebensphilosophie Fontanes, ohne daß es der Dichter merkt und will. Fontane ruft nichts anderes – mit allen Dunkelstimmen der Lebenden und der Toten – durch seine Werke durch als dies: daß keiner aus dem Kreis entkommt, der ihm gezogen ist von seiner eigenen Natur und von der Welt, in die sie ihn hineingeboren hat und deren Lebensstil – „le style est l'homme même"[1] – ihm also vorherbestimmt und zubestimmt ist.

An der Auflehnung gegen ihren Kreis, an dem versuchten und vollzogenen „Könnt' ich heraus!" beginnt das Leiden und die Tragik aller seiner Hauptgestalten bis hin zu Effi Briest, und es ist bewundernswert, mit welcher Festigkeit sie Fontane im Tod noch in diesen ihren Kreis zurückzwingt – um der Ordnung willen. Ordre et clarté, verlangte Descartes, Frankreichs großer Philosoph – „aber der Mensch ver-

---

1. Von Fontane zitiert in *Vor dem Sturm* in der üblichen, aber unrichtigen Form: „le style c'est l'homme".

langt auch seine Ordnung", beschließt Fontane seine Lehre.

Von einem Geist, der mit diesem Blick und diesem Lächeln die „Salons" durchgeht und Tante Marguerite an ihren Sessel führt, wird niemand eine Reverenz vor Standesvorurteilen erwarten, und Herr von Bülow sah sich die Lampe besonders angenehm zurechtgerückt, als er an Sander über die „Ehrenpunkte" schreiben sollte. Es ist ein Fontanesches Axiom, daß das Zuviel kaum je so sehr vom Übel sein kann, wie bei einer so intimen Feinempfindung, die furchtbar wirkt auf einem Fahnenknauf. Wie himmelhoch stehen die ehrlichen Sünden über der „Geschraubtheit" – das ist die Fontanesche Gesellschaftskritik. Und das Schöpfungsmotiv für die Stunde Victoires. –

Was natürlich ist, ist recht. Man darf aber nicht vergessen, daß natürlich ist, was Stil hat – „was paßt" und „kleidet". Es ist Natürlichkeit, daß Schach von Wuthenow anders spricht als Mutter Kreepschen. Aber man muß auch hinzufügen, daß es nicht allein Natürlichkeit, sondern zugleich die glänzendste Gelegenheit für Theodor Fontane ist, sein Hauptfeld zu betreten und in Gesprächen Charakterbilder abzuschatten und zu nuancieren, wie es ihm selten einer gleichtut, und wie es ein Vergleich von Herrn v. Alvensleben in der Dichtung mit dem historischen, von Nostitz – ein Anhang ermöglicht einen weiteren Vergleich – liebevoll geschilderten nicht ohne Reiz zu zeigen weiß. Nostitz schreibt so:

„... bis zuletzt ein Freund, bewährter als alle übrigen, sich an mich schloß, um hinfort, wenn auch Jahre, Länder, veränderte Grundsätze uns trennten, mir immer als ein leuchtender Punkt zu bleiben, zu dem mich gern die Erinnerung führt ... Es war der Premierleutnant Hans von Alvensleben, auch bei den Gendarmen und ein ausgezeichneter Offizier dieses Regiments. Von der Natur mit Vorliebe ausgestattet, prangte er in männlicher Schönheit, war ein vortrefflicher Reiter und in allen Waffenkünsten der glänzendste Meister. War ich ihm gleich in dem, was man positiv erlernt, überlegen, so war er mir dagegen Lehrer in dem richtigen Blick, in der praktischen Anstelligkeit, in der Fertigkeit, das Tägliche zu handhaben, was man gemeiniglich Takt nennt, und worin ihn ein Aufwachsen in allmählich sich erweiternden Verhältnissen früh geübt hat."

Daß die Blicke Theodor Fontanes weiterdringen und nicht an Gesellschaftsfloskeln und „Tournüre" hängenbleiben, daß er die Kreise, in denen er seine Figuren hält und führt, nicht nur als Standes- und Gesellschaftskreise sieht, sondern als Schicksalskreise, die sich bei Nacht und Baumstummheit in offene Wiesen schneiden, das hat er der Tatsache zu verdanken, daß ihn sein Aufwachsen so tiefgründig gemacht hat.

Er war zwischen die gänzlich verschiedenen Kreise seiner Eltern gestellt gewesen, von denen der Vater eine bonhomige Phantasienatur mit dem Kopf voller Wunder und die Mutter eine nüchterne Tatsachennatur mit dem Kopf voller Zahlen war, die diese Wunder negierten. Er sagt ja mit Nachdruck, daß Kinder am besten beobachten. Die Dissonanz machte ihn fein- und hellhörig. Wie nur sie es kann. Es ist interessant, daß kein anderer Dichter seiner Tage diese feinen und überfeinen Membranen in die Zeit hinein hatte und in tiefem Hinhorchen einen „Verlust der Mitte" – darf man es so modern sagen? – fühlte und eine schwindende Umgrenztheit der Lebensstile. „Die Mittelpunkte" beginnen zu fehlen. Diese Lebensstile sind ihm ästhetischer Reiz und Ordnungsgefüge zugleich, und er will sie erhalten haben schon aus der dunklen Angst der labilen Natur heraus vor aller Auflösung, die ihm hier nicht fundamentaler sein könnte: nicht nur als Auflösung der äußeren Ordnungsformen – die Stilkarikaturen des „Bourgeois" und des „Parvenü" sind ihm Brand- und Schreckenszeichen –, nein, auch als Auflösung der eigentlichen Poesie, die ja im Farbenspiel des ganz verschiedenen Menschseins, bei Königen und Gänsehirtinnen anhob – oder auch bei den Lusignans.

Daß ihm dieses älteste und vornehmste Adelsgeschlecht Frankreichs, das von der Meernixe Melusine[1] herstammen soll, doch gar nicht aus dem Sinn kommt! Und hier in *Schach*

---

1. 1895 plante Fontane eine Novelle *Melusine von Cadonal*.

von Wuthenow tritt es zum erstenmal – *Ozeane von Parze-val* blieb nur Fragment, die Melusine im *Stechlin* kam erst ganz zuletzt – mit vollem Namen ins Gespräch, und Frau von Carayon, die ihren Kreis so leidenschaftlich absetzt von dem von Schach von Wuthenow, beruft sich, stolz nach rück-wärts sehend, auf die, die „uneingeschüchtert durch das Ge-schrei des Berges" („Partei des Berges" hieß die Partei der radikalen Auflösung in der Französischen Revolution) zu der Linie standen, in der an einem Punkt die Lusignans auf-tauchten: „... und als Victoire de Carayon (ja, sie hieß auch Victoire) sich mit dem großen Grafen von Lusignan ver-mählte..., da waren wir mit einem Königshause versippt und verschwägert, mit den Lusignans, aus deren großem Hause die schöne Melusine kam, unglücklichen, aber Gottsei-dank unprosaischen Angedenkens."

Welcher Charme um diesen wehmütig poetischen Stolz der französischen „Colonie", die in Berlin so großartig ge-wirkt hat, und auch welche amüsante Nähe zu des alten Louis Fontane Rodomontaden über seine Verwandtschaft zum Marquis de Fontanes vor den Ohren eines so aufmerk-samen und „am besten" beobachtenden Sohnes!

Man soll sich übrigens nicht zu sehr verwundern, daß in *Schach von Wuthenow* bei Fontane ein Mann im Titel steht, schrieb er doch am 3. Juli 1879 an Mathilde von Rohr von der – „Fräulein von Crayn-Novelle", an der er nun fleißig schreiben wolle. Die Psychographie, verborgen wie sie ist, spricht sich so gut in Frauen aus, auch darum, weil sie das scheinbar Unvereinbare doch zu vereinen wissen, selbst die Gironde und den Neuruppiner See! Und hat hier Frau von Carayon nicht die Vereinigung vollzogen, die Theodor Fon-tanes Wesen und seine Einmaligkeit schafft, eine Vereinigung, die jede seiner Wanderungen durch die Mark vollendeter und unlösbarer – schöpfungsbereiter machte?

Marquardt und Paretz – aber das sind ja wirklich „Wan-derer"-Kapitel mitten in *Schach von Wuthenow*! Und dieser Anfang der Geschichte – wie dicht sitzt doch der „Wanderer durch die Mark Brandenburg" hier noch neben dem Dichter, der Wanderer, der *Schloß Friedersdorf* geschrieben hat, das Marwitz-Kapitel (Friedrich August Ludwig von der Marwitz war mit dreizehn Jahren als Junker ins Regiment Gensdarmes getreten) und darin die Stelle über die Zeit: „Die Personen waren nicht mehr Personen, sondern Akteurs; alles kam auf die Unterhaltung, die Belehrung an, die sie gewährten. Der Witz, die geistreiche Sentenz, der Strom des Wissens, der Zauber der Rede lösten sich wie selbständige Kunstwerke vom Sprecher los ... Die Gestalt des Prinzen Louis Ferdinand wird immer jene Zeit hoher Vorzüge und glänzender Verirrungen wie auf einen Schlag charakterisieren."

Wie vertraut ist man mit allem nach dieser „*Wanderungs*"-Lektüre, wenn Herr von Bülow sich im Sitz umwendet und mit erhobener Braue in das erste Kapitel von *Schach von Wuthenow* hineinplaudert!

Daß dieser Wanderer, der seiner Liebe zu der Mark fünf dicke Bände abverlangt hat, mancher Zurücksetzung begegnet ist, wenn er als Fragender auf einem Schloßhof stand, das wüßte man, auch wenn er es nicht selbst geschrieben hätte, nunmehr von Frau v. Carayon.

Schach von Wuthenow und der noch ganz fußtief in den *Wanderungen* steckende erste Fontane-Roman *Vor dem Sturm* sind seine einzigen historischen Romane; Dokumente sind es dafür, wie sich der Epiker vom Wanderer die Feder geben ließ. Und nicht nur sie: wenn seine Romane immer weiter nach innen treten, sich vom Geschichtsfeld lösen und die Gestalten entfernter um die Schlösser spielen, so haben sie als Historien den Hauch behalten, der von den Feldern früheren Lebens kommt, das Atmosphärische und Feingeäderte, das wie gefallene Blätter auf dem Boden Liegende, das irgendwohin leis Verschwebende und dennoch nach allen Seiten hellwach Witternde und Faktische trotz aller Poesie des Abgerückten. Ja, Effi Briest, die leise ihre Fenster hin zur Nachtluft öffnet, der alte Stechlin, der entzückt hinübersieht zu Melusine – sind es nicht greifbar gewordene Ungreifbarkeiten, verinnerte Historien?

Nur mit der Historie, der leichtbeweglichen und anekdotenreichen, und nie mit der Geschichte und ihrem abgemessenen Gang könnte der Schluß von *Schach von Wuthenow* in Beziehung treten, der nun dem Rätsel einen so legitimen Platz anweist, wie es Fontane in keinem anderen Roman zu tun gewagt hat. Und wie beziehungsvoll und dunkelschöpferisch ist es wieder, daß es in dem Roman geschieht, wo Frau von Carayon so grundsätzlich erklärt, woher der Wind kommt, denn diese Kunst des Nebeneinanderhaltens von verschiedenen Perspektiven, das elegante Spielen mit mehreren Lösungsmöglichkeiten ist eine französische Kunst, die auch Lemaître und mancher andere geübt hat.

In *Schach von Wuthenow* die Mark und die Gascogne so ineinandergehen zu sehen, läßt einen tiefen Blick in jenes Rätsel tun, das den Dichter Theodor Fontane ausmacht. Und wie schön ist es, daß er auch in diesem Werk bekundet, wo er hingehört: nach Berlin. –

Der Dichter Theodor Fontane wurde als ein ungewöhnlich eindrucksoffenes Kind am 30. Dezember 1819 in Neuruppin geboren. Seine Kinderjahre, die er 1893 in dem wundervollen Buch *Meine Kinderjahre* beschrieb, begleiteten ihn durch sein ganzes Leben und sein ganzes Werk. Daß er dieses Buch als einen Roman bezeichnet und so zwischen seine Werke gestellt hat, ist voller Aufschluß. Er hat wenig Schule, aber unvergleichlich poetische Eindrücke in sich aufgenommen. Unter dem riesigen Dach des alten Apothekerhauses in Swinemünde, wohin seine Eltern 1827 verzogen, umknistert von den Schauern des Orts und umsummt von der unaussprechlichen Wärme der Geborgenheit, ist vieles von dem in ihn hineingezogen, was seine Poesie ausmacht und was ihn das Treffen der Stimmung als eigentliche Aufgabe der Dichtung bezeichnen ließ. Die Dissonanz zwischen seinen Eltern hat diese Eindrücke vollends ins Wunder gehoben und bis an sein Lebensende segnet er den Frieden, der die Stille und die Ruhe gleichermaßen in sich begreift. Ratlos in den Beruf des Vaters geglitten, retten ihn die ersten dichterischen Versuche: Balladen und Gedichte. In verschiedenen literarischen Vereinigungen, vor allem im *Tunnel über der Spree,* in den er 1844 eintritt, gewinnt er das nötige Selbstvertrauen, die Stütze der zuerst ergriffenen Übersetzung abzulegen und zum Eigenen zu gelangen. Daß er in seinem Wesen eine gascognische Lebhaftigkeit und Beweglichkeit mit dem höchstentwickelten Sinn für Stimmung vereinen kann, gibt seinen Versuchen Erfolg. Seine Heirat 1850 mit Emilie Kummer ist ein bedeutender Markstein in seiner inneren Entwicklung auf eine die Enttäuschungen überwindende, heiter resignierende Lebensstimmung hin, unter der aber die Hoffnung unentwegt die Bogen spannt. In Bürostellungen bei der Presse nicht befriedigt, durch umfassende Arbeiten an Kriegsbüchern nicht zur Ruhe kommend und auch durch seine *Wanderungen durch die Mark Brandenburg* nicht aufs rechte Feld gestellt, wächst er endlich, fast sechzig Jahre alt geworden, in die Fontane-Stimmung hinein, die die vielen einander durchkreuzenden Eigenschaften und Erfahrnisse zusammenzugreifen versteht und seiner Epik die Tür öffnet. Distanz und Nähebedürfnis haben nun das Land betreten, wo sie zusammengehören und keines vor dem andern Vorrang hat: das Durchleben von Historien, von Begebnissen, in denen er ganz darinnen steht und sie doch nur schreibt. So wächst er, ganz Schriftsteller geworden, hinauf bis zu *Effi Briest* und dem *Stechlin*, die Weltliteratur werden, verteilt aber auch in alle seine übrigen Werke so viel von seiner Eigenart und seinen Seelendingen, daß sie, auch in kleinsten Aperçus, so reizend fontanisch sind wie *Schach von Wuthenow*. So dringt – in Leben und Werk – sein immer vom Moment bedrohtes, durch Resignation abgestütztes, vom Humor errungenes Darüberstehen vor bis zur echt Fontaneschen Heiterkeit, die sich am wohlsten weiß beim Sonnenuntergang, der durch die Zweige scheint und ihm zuletzt noch die so wunderbar unter der Gedankenstrenge durchschlüpfende Freude zuspielt: „Wie lösen sich die Rätsel? Nie."

Auf dem Französischen Friedhof wurde Fontane begraben. Er war am 20. September 1898 gestorben. In Berlin.

Walter Keitel

ANHANG

Aus den Memoiren von Karl von Nostitz:

„Die Weihe der Kraft"

Wir saßen eines Abends im Wachtzimmer im Kreise beisammen und verplauderten die Zeit, der Schwänke gedenkend, welche wir und noch mehr vor Jahren unsere berüchtigten Vorgänger ausgeführt. Dabei wurden die mancherlei öffentlichen Aufzüge und Mummereien nicht vergessen, darin sich die Gendarmenoffiziere in den Straßen Berlins gezeigt hatten. „Man müßte mal wieder so einen Spaß machen!" – „Aber welchen, wie?" – „Natürlich einen Aufzug zu Pferde." Nach längerem Hin- und Herreden schlug der Rittmeister Königseck vor, das dazumal in Berlin häufig aufgeführte Spektakelstück, Werners Weihe der Kraft, zu einer Mummerei und einem Aufzuge zu wählen. Der Vorschlag gefiel, und es wurde folgende Parodie des Stücks entworfen. In einem Auftritt desselben wird in Wittenberg ein Nonnenkloster aufgehoben, und der diese Handlung vollziehende sächsische Kanzler sagt den Frauen: „Geht in die Welt und wirket." Alle verlassen hierauf das Kloster, und es ist im Stück keine Rede mehr von den in die Welt gestoßenen Nonnen, nur Katharina von Bora bleibt auf der Szene, um später Luthers Frau zu werden. Die Parodie sollte nun ergänzend das fernere Schicksal der übrigen Nonnen darstellen. Diese nämlich, so ward angenommen, ziehen, um einen Wirkungskreis zu suchen, nach Berlin und finden hier in Madame Etschern (einer bekannten Kupplerin) die Vorsteherin, unter der sie zu wirken anfangen. Als Luther solches vernimmt, reist er in Begleitung seiner Hausfrau nach Berlin, um die neue nutzbar gemachte Frauenanstalt zu besuchen. Hier macht er eines Tages zur Erholung eine Schlittenfahrt mit den ehe-

164

maligen Lebensgefährtinnen seiner geliebten Katharina und ihrer neuen Vorsteherin, der Madame Etschern, die auch auf Observanz zu halten hat und ihre pflegebefohlenen Jungfrauen nicht ohne Aufsicht in die Welt lassen kann.

Der also gemachte Entwurf dieses etwas rohen Spaßes, wobei wir, zu unserer Entschuldigung sei's gesagt, nur den Wernerschen Doktor Luther, nicht den geschichtlichen Riesen und Glaubenshelden ins Auge faßten, wurde belacht und ausführbar gefunden. Damit aber am andern Tage das ausgesonnene Stückchen nicht wie ein verschollenes Gespräch vergessen würde, schlug ich eine Unterschrift vor und erbot mich zur tätigen Inswerkstellung des Ganzen. Dies war auch beliebt, und bald standen auf meinem Blatte dreizehn bis fünfzehn Unterschriften (bloß Gendarmerieoffiziere). Nachdem wir uns hierauf Stillschweigen zugesagt, ging ich ans Werk.

Ich ließ einen Schlitten auf niedrige Räder setzen und diese mit herabhängendem grauen Tuch bedecken. Vier rüstige Pferde konnten dies Fuhrwerk bequem ziehen. Darauf wurden folgende Verhaltungsregeln aufgesetzt: Jeder Teilnehmer stellt vier bis sechs Vorreiter, alle reich gekleidet, in Jacken mit Gold- und Silbertressen, wie solches bei großen Schlittenfahrten üblich ist. Ferner versieht er sich mit einem wohlangepaßten und anständigen Frauenanzug sowie mit einem Damensattel für sein Pferd. Aus der Theatergarderobe wird die Tracht Doktor Luthers sowie seines Famulus und der Katharina von Bora entlehnt oder gekauft. Desgleichen wird ein Anzug angeschafft, der nach dem gewöhnlichen Hauskleide der Madame Etschern gemacht ist, dazu eine Punschkelle und ein Bund Schlüssel. Alle Offiziere, als Frauen gekleidet, kommen auf ihren Paradepferden, nur derjenige, der Madame Etschern agiert, reitet ein kleines Pferd, Langschwanz, mit aufgesteckten Eselsohren. Im Schlitten sitzt Luther mit seinem Famulus, der in der Hand seines Herrn Flöte hält, die lächerlich lang sein muß. Katharina reitet auf der Pritsche, in der einen Hand eine Fackel, in der andern eine Hetzpeitsche haltend. So lautete das Programm, dem getreulich nachgehandelt ward.

An einem Abend im Monat August sammelten sich sämtliche Teilnehmer in meiner Wohnung, die Offiziere als Frauen gekleidet, Graf Herzberg in der Tracht Luthers, Leutnant Ziethen in dem Kleide der Etschern, ein Junker vom Regiment als Famulus vermummt. Ich endlich, der Riesenhafte, stellte die zarte Katharina von Bora vor. Prachtvoll gekleidete Vorreiter mit Fackeln fehlten nicht. – Plötzlich, als alles rasch gerichtet, die Fackeln entglommen waren, brach der Zug in der vorgezeichneten Ordnung, von einem Lichtmeer übergossen, aus der Charlottenstraße unter die Linden hervor und bewegte sich mit gemäßigter Eile durch die zusammeneilenden Haufen von Zuschauern, die zuerst mit Verwunderung den Glanz des Zuges angafften, dann wenigstens zum Teil die Bedeutung der Gestalten erkennend, die Anspielungen belachten und laut das helle Schaugepränge bejubelten.

Aber bald sprengten Husaren und Polizeidiener zu Pferd heran, die der Gouverneur von Berlin, Feldmarschall Möllendorf, geschickt hatte, um der Posse zu wehren und den Zug aufzuhalten. Indessen es war solches schon zu spät, die Scharwache diente nur dazu, die uns hemmenden Haufen der Zuschauer zu lichten, und wir durchzogen eine Stunde lang mit zunehmender Schnelligkeit die Straßen, bis der Zug in sausendem Galopp in eine entlegene Straße sich verlor und die Fackeln verlöschten.

Wir glaubten damit auch den ganzen Schwank verlöscht zu haben und jubelten im stillen über die glückliche Ausführung der Posse, als nach mehreren Tagen, wie schon unter uns keine Rede davon war, ein königlicher Parolebefehl die strengste Untersuchung gegen die Anstifter und Teilnehmer jenes Skandals anbefahl. Dieses Ungewitter verhängte über uns der einflußreiche Kabinettsekretär Beyme, der, heimlich angetrieben von seiner Frau, deren, wie so vieler anderen Mißfallen ich mir durch mein keckes Wesen zugezogen hatte, in dem lustigen Streich einen Angriff auf die Heiligkeit und Unverletzlichkeit der Kirche sehen wollte. Des Königs Unmut traf den erschrockenen Chef, den strengen Kommandeur und im Gegenschlag das ganze Regiment, so daß wir

Schuldbewußte, durch freimütige Angabe unserer Namen, den allgemeinen Sturm beschwören zu müssen glaubten.

Wo viele gesündigt, können einige hoffen, frei durchzuschlüpfen, ohne der Strafe zu verfallen. So widerfuhr es uns. Der älteste Teilnehmer an der Mummerei, dem Range nach, der Stabsrittmeister Alvensleben, mein Freund, büßte am härtesten. Er ward nach Schlesien zum Kürassierregiment Holzendorf versetzt. Die nach der Ancienität ihm zunächst stehenden drei Offiziere kamen in Arrest auf dem weißen Saal im Schlosse, wo seit dem unglücklichen Katt, dem Jugendfreunde Friedrichs II., kein Gendarmenoffizier gesessen hatte. Den andern Offizieren wurde ihrer Jugend wegen und in Hoffnung reuiger Besserung nachgesehen. So war denn einmal mein niedriger Rang mir zum Vorteil.

Ich fühlte mich jedoch mehr gestraft als alle älteren Gefährten, weil ich einen Freund verlor, den des Königs Zorn im Fluge zur Stadt hinaustrieb. Der also Geächtete wurde von dem gesamten Offizierskorps betrauert, und wir gaben dem Scheidenden ein Abschiedsfest, das mit einem von mir unter den Linden beim Trompeten- und Paukenschall ausgebrachten, weitdröhnenden Vivat endete. So glaubt die Jugend im Gefühl ihres Rechts selbst Königen trotzen zu können.

Die Berliner öffentliche Welt beschäftigte jene Geschichte mit ihren Folgen mehrere Wochen, und unter andern Bemerkungen erschien auch folgende gereimte:

> „Kann Herr Luther Balken treten,
> Mag er auch das Pflaster kneten."

War es kein Dichter, der dies sagte, so war es wenigstens ein vernünftiger Mensch, der meinte, daß das Heilige ebensowenig auf dem Theater dürfe angetastet werden als durch Gendarmenoffiziere, wenn es nicht in den Augen der Menge entwürdigt werden soll. Was wahrhaft heilig, bleibt es, wie eine Grundfarbe, die Sudler wohl überschmieren können, die aber dennoch immer wieder zum Vorschein kommt.

(Aus: „Der Adjutant des Prinzen Louis Ferdinand", hrsg. von Hans Wahl. Weimar 1916.)

INHALT